保持一份努力、一份初心、一份自信。
今日寂寂无名的你，来日定将名满天下！

陪孩子弯道超车

吉田 著

北京联合出版公司

图书在版编目（CIP）数据

陪孩子弯道超车 / 吉田著. — 北京：北京联合出版公司，2022.8
ISBN 978-7-5596-6229-3

Ⅰ.①陪… Ⅱ.①吉… Ⅲ.①家庭教育 Ⅳ.①G78

中国版本图书馆CIP数据核字（2022）第098998号

陪孩子弯道超车

作　　者：吉　田
出 品 人：赵红仕
责任编辑：徐　樟

北京联合出版公司出版
（北京市西城区德外大街83号楼9层　100088）
河北鹏润印刷有限公司印刷　新华书店经销
字数150千字　700毫米×980毫米　1/16　印张16.75
2022年8月第1版　2022年8月第1次印刷
ISBN 978-7-5596-6229-3
定价：62.00元

版权所有，侵权必究
未经许可，不得以任何方式复制或抄袭本书部分或全部内容
本书若有质量问题，请与本公司图书销售中心联系调换。电话：010-82069336

序

我是一名教育学硕士，也是大学老师。除了在大学任教之外，我还会接受一些教育方面的咨询，一些信任我的家长向我求助，让我帮忙给孩子规划学业生涯的道路。在无数次沟通中，我最大的感受是，家长们实在是太焦虑了，也太急于求成了。

有些孩子，在学习上还没有开窍，他们可能已经很努力了，但还是看不到起色。每每看到孩子考卷上那猩红而刺眼的分数，对于很多家长来说，无异于拿到了对孩子未来的一张"判决书"。

他们在心里默念："我的孩子完了，他没有未来了。"他们甚至向我呼救："陈老师，求你帮帮我的孩子吧。"

家长的这种焦虑和绝望，我都理解。但理解不意味着认同，在接受了大量"呼救"之后，我萌生了创作一本书的想法。我希望这本书可以帮助大家厘清教育的方向，找到最适合自己孩子的成长道路。哪怕只有一个家庭、一个孩子因此而走出困境，也值得了。

我想告诉大家，其实你的孩子并没有那么糟糕，分数和成绩，都决定不了他的未来。

我想告诉大家，每一个成绩不理想的孩子身上都一定有着另外的天赋，不信的话，你可以仔细去观察。每一个孩子都是独一无二的。成绩差的孩子，绝对不是没前途，他们只是需要好好教育，我们一定不能忽视每一个孩子身上的特殊才能。作为父母，我们要帮助孩子寻找他的兴趣，认识他的强项，帮助他建立自信心以及面对困难的勇气。

我更想告诉大家，每一位父母都必须成长，必须更新自己的教育理念和认知。我们不能再带着老旧的眼光去看待自己的孩子了。时代在发展，我们以往那种"鸡娃""过度鞭策"的老路子，很可能已经走不通了。

今天的家长，需要重新理解教育的意义

家长都想让孩子赢在起跑线上，那具体如何赢呢？

给孩子报兴趣班？让孩子考第一？把全部的精力都花在孩子身上？

作为一名教育从业者，我见过不少虎妈狼爸，重金报班，全职陪读，最后孩子成绩优秀，琴棋书画样样皆精……这样的孩子达到了世俗意义上的优秀，可是往往不快乐，性格乖张，与父母的关系也疏离。显然，这不是一种成功的育儿方式。

相信每一位家长都希望孩子过得好，活出有意义的人生。但由于传统教育模式的影响和家长自身的局限性，大多数家庭的养育方式都倾向于复制粘贴：要么重复自己原生家庭的教育模式，让孩子陷于从前自己经历过的困境；要么简单地模仿别人，别人怎样养孩子，我就怎样养。隔壁老王家的孩子学钢琴，我的孩子也要学；别人的孩子考了99分，我的孩子就得考100分。这就是心理学中常说的"从众效应"。

时代在变迁，传统上只管吃穿、吝啬表达爱的模式，不再适合现代家庭和现代教育环境。不加分析地模仿原生家庭或身边的家庭，更像是东施效颦，产生反效果。

每天为生活奔波的家长们或许很久没有停下来，好好思考一下：我们养育孩子的目的是什么？我们希望孩子成为怎样的人，希望让孩子活出怎样的人生？或许你此刻内心没有答案，或者你的答案过于模糊。不要急，相信看完这本书以后，你会对如何养育优秀的孩子胸有成竹。

毋庸置疑，每位家长都深爱着孩子。如何用这份深沉的爱更好地塑造孩子，陪伴孩子走过成长的关键期？今天，家长需要掌握更科学有效的方法和技巧。

先理解孩子，才能陪孩子突出重围

我常跟来向我咨询的家长说："不要老盯着孩子成绩不好这一点看，我们还要看到孩子的天分，看到孩子的情绪，看到孩子行为背后的需求。"

孩子想要获得真正的成长，首先需要被理解，被认可。作为父母，我们应该抛开对于成绩、分数的执念，不再"唯结果论"，要善于发现孩子的闪光点。我们都要认清一个事实：社会上需要各种各样的人，不同的人有不同的道路和位置，没有孰优孰劣，我们家境普通、成绩普通的孩子，同样能找到最合适自己的位置，创造属于自己的未来。

这并不是安抚家长心理的"鸡汤"，而是我最真实的想法，因为我本人正是一个非常好的案例。

我出生在一个小县城里，家境普通，成绩很差。小学时，我有一次数学只考了37分，全班倒数第一名，老师直接给我打上了"笨蛋"的标签，同学们也因此孤立我。但在我父亲的鼓励下，我通过自学和努力，最终还是进入了自己喜欢的领域，成为大学老师，成为自媒体博主，拥有了热爱的事业。

不能说自己有多成功，但我享受当下的生活，我从未因自己的选择而后悔。这，就够了。

除了父母的鼓励、自身的努力，我还有一些小小的技巧和经验，帮助我走了一条更适合我的"通往罗马的路"。因此，我想把我在教育研究、学业规划咨询及自身真实经历中的一些心得和方法分享给各位家长。

在这本书中，我将从两个方面和大家分享我的观点。

一方面是家长必须掌握的教育理念，以及培养孩子"软实力"的一些方法。一切的"弯道超车"技巧，都离不开底层的认知，我们需要给孩子心理上、成长上必要的支持，这比任何表面上的干货都重要。

另一方面，我会分享孩子学业规划、决策上的一些"干货"和技巧，分享让孩子弯道超车的方法，希望可以切实地指导父母们。我想告诉各位父母，哪怕普通家庭出身的孩子，没有耀眼的成绩，没有外界的帮助，依然可以依靠自身的努力，依靠正确的选择，拥有满意的未来。

但愿普通家庭的普通孩子，能够在学业中做最适合自己的选择，通过高效的努力，为未来做好合理的规划。

也期待这本书可以鼓舞和安抚诸多对孩子的学习感到焦虑的父母，更能给大家指明未来奋斗的方向！

目录

Part 1　给孩子铺好一条终身成长的路

1　提前布局，让孩子赢在未来

家长先要调整好三种心态 / 004

了解孩子之前，先了解自己 / 011

做好掌舵人，不要把孩子当成工具人 / 016

培养天才大脑的秘密 / 023

为孩子打好人生的地基 / 029

培养会"玩"的孩子 / 035

别被"成绩"一叶障目 / 041

2　给孩子最需要的支持

家庭教育的本质是什么 / 048

打破"寒门难出贵子"的魔咒 / 055

做 80 分的父母，不焦虑，不苛求 / 060

耐心地等待孩子绽放 / 066

家庭教育的误区一：极端情绪化 / 073

家庭教育的误区二：封闭式养育孩子 / 076

家庭教育的误区三：凡事只看结果 / 078

3 行动力是孩子未来的核心竞争力

终身学习，孩子才能适应未来社会 / 082

如何培养孩子终身学习的能力 / 087

想让孩子不拖延，其实很简单 / 091

培养孩子的专注力 / 096

孩子对手机上瘾怎么办 / 101

多米诺骨牌效应：运动是第一步 / 106

性格内向还是外向，不能强求 / 111

孩子被孤立怎么办 / 116

为孩子种下"挫折疫苗" / 121

培养受欢迎的孩子 / 127

Part 2 全面规划，才能弯道超车

4 别焦虑，学习不好的孩子也能弯道超车

孩子成绩不好，请不要担心 / 136

弯道超车的四条路径 / 143

小学三年级之前，培养孩子逆转人生的特长 / 149

三年级后，学得多不如学得精 / 155

学会这三招，从容面对中考 / 159

成绩不好，不要强行读重点初中 / 166

英语学不好，转小语种一样行 / 170

弯道超车之逆向思维 / 175

5 初中生考不到理想的学校，该如何破局

中考来了，孩子如何面对教育体系下的"丛林法则" / 180

如果孩子考不上高中，必须提前知道的四件事 / 185

中考金字塔：考不上普高，3+2 是首选 / 189

学习成绩不好，私立高中能不能读 / 195

选对专业，一手烂牌打出王炸效果 / 200

给中专生家长的一封信 / 207

中考 100 多分的孩子，也能逆风翻盘 / 210

6 高中生考不到理想的大学，该如何选择

抓住红利，350 分也能读本科 / 216

高考 400 多分，如何"弄拙成巧" / 219

预科班，比高考体育特长生更"香" / 222

错过了高考，高职扩招考大学 / 225

没读高中，考全日制大学的五种方式 / 231

遵从本心，多维度思考专业发展 / 236

"专升本"的现实意义 / 239

大学期间，务必打好人生的地基 / 243

后记 不要"吃掉"你的小孩

先管好你自己，再引导孩子成长 / 248

孩子的未来，和我们想象中不一样 / 252

Part 1

给孩子铺好一条终身成长的路

1

提前布局，
让孩子赢在未来

在这一章里，我先让大家服下一颗定心丸，我将结合多年的教育从业经验和家庭教育咨询案例，带领大家去重新认识与规划孩子成长的关键期。育儿路漫漫，成长伴一生，父母的观念才是孩子真正的起跑线。

家长先要调整好三种心态

首先，我们先来聊聊一个关键的问题：家长应该抱着怎样的心态养育孩子？

这个心态，指的是我们养育孩子的初心。望子成龙、望女成凤，是人之常情。大多数人在内心深处，其实都很清楚，孩子将会成为像你我一般的普通人。

请注意，"普通"并不是一个贬义词。普通，不代表不优秀，不代表孩子一事无成，也不代表他的人生没有意义。我们在医院里看到的医生，是普通人；我们在银行看见的工作人员，是普通人；像我这样在大学里任教的老师，也是普通人。

普通人，没有显赫的身世，没有万贯的家财，没有书香世家的加持，他们靠自己也可以走出一条光明大道。恰恰是因为有这样的普通人，才给了我们这些来自普通家庭的人希望。原来普通人也可以过上不错的生活，找到不错的工作，拥有自己平凡但有意义的人生。

那么普通孩子如何走上一条更好的道路？通过读书，通过高情商培养，通过刻苦耐劳，通过弯道超车……这些正是这本书想告诉大家的答案。

今天，你打开了这本书，意味着你意识到你和你的孩子需要改变现状。在此，我非常诚恳地告诉大家，务必调整好以下三种心态，才可能成为更好的父母。

第一，请放下功利心

在浮躁的社会大环境下，除了老板给员工设置KPI，家长也给孩子和自己设置KPI。即使在本来最应纯粹的育儿路上，也充满了竞争意识和功利性的目标。

孩子10岁之前要考到钢琴十级，参加绘画大赛并拿到奖，身高也得超过全国青少年儿童的平均水平……在父母功利心的驱使下，本来有意义的学习变得索然无味，甚至让孩子失去学习动力。

养育孩子应该遵循孩子的天性。孩子是没有功利心的，他看见蝴蝶飞舞，就想去追着它看，他不会在意抓蝴蝶可以消耗多少热量。孩子看见积木有趣，就按自己的想象来拼凑，绝不会想如何才能在乐高比赛中夺冠。他们真正地生活在当下，享受事情本身带来的乐趣。

功利心，意味着在乎结果，而忽略过程。孩子的成长，恰恰是建立在一次次挫折和失败之上的。如果父母盲目地在育儿路上追求功利，把孩子的每个项目都变成竞赛，那么孩子将会在成长路上收获满满的挫败感、无力感和自我否定。从此刻开始，请放下功利心，以最温暖的、充满人性的方式去对待孩子，他才能拥有肆意绽放的可能。

第二，请放下虚荣心

朋友圈是人们内心的一道剪影，除了多如牛毛的广告以外，最多的内容是炫耀。有人炫耀美貌，有人炫耀财富，更有人炫耀优秀的孩子。

偶尔和朋友分享一下亲子相处的小故事，自然无妨，但总有些人，每天都在"炫娃"。我们来尝试分析一下这种"过度炫娃"现象的底层逻辑。

首先，你想告诉所有人，我的孩子很优秀。其次，你想表达，我是一个称职的父母。但从本质上来说，有很多炫娃的人是在向外界获取肯定，为什么？因为他的内心不坚定。人们常说，炫耀什么就是缺失什么。在朋友圈晒美食的人，肯定不是每天都能品尝美食的人。不能每天陪伴孩子的父母，才会炫耀好不容易陪孩子的日常。因此，过度"炫娃"本质上是一种病态心理。

一方面，从社交媒介上满足自己的虚荣心；另一方面，借由别人的评价安抚自己内心的担忧。这些行为只会掩盖某些教育和陪伴上的缺位。真正对孩子有意义的教育，应该从孩子的自身出发，发现问题并解决问题，而不是故弄玄虚、欲盖弥彰，制造一个你把孩子照顾得很好的假象，蒙骗他人、糊弄自己。

育儿路上，容不下一丝丝的投机取巧，只有脚踏实地的陪伴和教育，才能保证孩子的全方位发展，培养一个健全而自信的孩子。当父母的是绝不可以偷懒的，孩子的状态就是父母最好的镜子。

第三，保持平常心

世界上没有两片一样的叶子，每个孩子都存在差异。从父母遗传因素，到个人性格、成长的环境，这一系列的变量决定了每个人生而不同。因此，我们需要抱着一个平和的心态来面对孩子的成长。

接纳孩子本来的样子，用平常心对待孩子的成长。有的孩子擅长阅读，有的孩子擅长跑步，有的孩子擅长表达，有的孩子特别有同情心。但也有的孩子天生不擅长应试教育——我就是其中一个。

　　我出生在一个普通的家庭，小学时的一次考试，我的语文考了63分，数学考了37分，连老师都觉得我没有救了。我拿着成绩单回到家，我母亲严厉地批评了我，觉得我"没用""不争气"，还不让我跟邻居小孩踢足球，让我在家里学习。

　　现在的我，当然很理解母亲当年的焦虑，她只是展示了大多数中国家长的普遍心理。但是，一个孩子唯一的"用处"就是考个好成绩吗？幸好，我的父亲并不这样认为，他每天下班就带着垂头丧气的我去踢足球，陪着我一次次地练习，慢慢重建我的自信，不断地鼓励我。最后，我以足球体育特长生的身份考入了全日制大学，并成功考研，成为一名大学老师。

　　不管你的孩子现在是刚出生，还是在中小学时期，请各位家长保持一颗平常心。比看见孩子优异的成绩单更重要的是，你能看见孩子脸上的笑容，看见孩子以自己的方式茁壮成长。性格开朗，身体健康，专注力强，有好奇心，这样的孩子会创造出属于他自己的另一种成功。

　　在我的教育咨询案例中，就有很多强行"鸡娃"失败的故事。

　　有个男孩出生在书香门第，妈妈对他的要求特别高，家里经济条件也很好，可谓"先天"条件非常优秀。在幼儿园时期，妈妈就给他报各种班，周一到周日，没有一天休息，他从早学到晚。孩子的学习成绩确实非常好，但弊端日渐浮现。

　　五年级时，孩子已经近视500度，平日也不懂得跟其他人相处，因为他没有机会跟同龄人玩。到了初中，孩子近视已达1200度，正好遇上中考改革，体育分数占比提高，因体育成绩不好，他没有考到心仪的高中。从那时候开始，他就日益消沉，但还是认认真真地投入学习。三年后，他因为考试失误，又错过了梦想的大学，进入了一所二本院校。

他觉得自己和周围的环境格格不入，因为从小一直都是尖子生，父母对他期待那么高，但他却屡次让父母失望，这令他无比自责，陷入负面情绪走不出来。

此外，他的社交能力一向较弱，对所有人都很冷漠，没有一个朋友，更别说异性朋友了。毕业一年后，他面试了很多公司，因为不擅长表达，个性木讷，被拒绝了很多次，只好待业在家，每天玩网络游戏。他告诉我，他倒也不是多喜欢玩游戏，只是，不玩游戏他现在又能干什么呢？而且，在游戏世界里，他可以成为另外一个角色，可以找到看起来更加洒脱恣肆的自己。

这是其中最典型的一个案例，父母只看到孩子沉迷于游戏，却看不到孩子行为背后的根源。每次遇见这样的案例，我都感到非常痛心，孩子明明很优秀（每个孩子本来都是优秀的），父母对孩子也充满爱，却因为"揠苗助长"，活生生地把一株好苗养坏了。

作为父母，如果只是为了自己的功利心和虚荣心而去培养孩子，给孩子报班，让孩子考第一，这不是对孩子真正的爱。

真正的爱，是陪伴，是父母愿意花费时间，以身作则引导孩子养成好的习惯，引导孩子发现自己的天赋和兴趣。

成长的道路有千万条，并不是每个小孩都要考清华、北大的，再退一步来说，考上清华、北大的孩子就一定幸福吗？考上清华、北大就保证往后的人生万无一失吗？

养育孩子，就好像开盲盒。不管孩子走哪一条路，父母都应该保持平常心，手持烛火，为孩子照亮前方的路。

了解孩子之前，先了解自己

"先天条件"对孩子有多重要

1761年，在奥地利一个曲乐悠扬的会客室里，5岁的莫扎特正在创作自己的第一首钢琴协奏曲，宾客们都对他过人的天资感到惊讶。

他生来就具有非凡的留声机般的声乐记忆力和运动记忆力，这意味着他可以将手指迅速移动到小提琴、风琴和钢琴的正确位置或琴键上。他的父亲是一名宫廷乐师，每天到他家做客的都是欧洲音乐界的翘楚。自出生以来，莫扎特就在音乐的熏陶中成长，4岁学琴，6岁开始跟姐姐到欧洲巡演，不仅会演奏钢琴和小提琴，还在8岁时创作出了他的第一首交响乐《降E大调第一交响曲》。

面对大家的褒奖，他说："谁要是跟我一样用功，谁就会和我一样获得成功。"

这是我们耳熟能详的神童故事。如果仔细分析，你会发现莫扎特除了"天赋"外，成就他的还有优秀的父亲，音乐世家的氛围，作为榜样的姐姐和幼年巡演的经历，甚至包括当时奥地利对古典音乐的推崇。

如果赋予另一个孩子同等的条件，或许他也会成为一位音乐大师，但他不见得会是另一位名扬天下的莫扎特，毕竟莫扎特的姐姐也没有名扬世界。孩子就像一株树苗，是长成参天大树还是小灌木，既要看孩子的先天条件，也要看他的后天努力。

所谓先天条件，是孩子的原生家庭，父母的职业、智力、性格、学历和特长等。莫扎特的爸爸是宫廷乐师，居里夫人的爸爸是数学家和物理学家，姚明的爸爸姚志远是身高2.08米的篮球运动员，他们的孩子都有相应的特长"基因"。这些拥有较好先天条件的孩子，自小生活的环境让他们可以提前接受相应的熏陶和教育。这也是故事"孟母三迁"的缘由，为了儿子能有好的学习氛围，不惜举家搬迁到学习风气良好的地方，可见环境对孩子成长影响之大，常常超出我们的想象。

看到这里，有的家长可能要泄气了，如果父母本身没有特别出众的地方，孩子是不是没有先天条件？不，要相信，每个人都有自己的天赋和特长，包括已经成为大人的我们，如果如今的我们平平无奇，没有任何闪光点，那只是因为你真正的天赋和可能性被掩埋而已，请坚持做那些自己热爱且擅长的事。

我不否认知识改变命运，但前提是小孩刚好热爱学习，特别能适应现代考试机制，才可能通过这样的方式获取成功。但对于学习成绩平平、体格优秀、体育兴趣浓厚的孩子来说，体育特长生确实不失为一种好的选择。所以，各位爸爸妈妈，请先冷静下来，不要把孩子的成功建立在幻想里。

作为家长，要了解自己和孩子的特点

努力发掘孩子的特长之前，要先充分了解自己，了解自己的伴侣，与伴侣一起好好思考分析：我是个什么样的人？我的伴侣是个什么样的人？我们擅长哪方面的事？我们的经济条件如何？我们有哪些特长"基因"？比如身高、体格、视力、动手能力、音乐、艺术爱好等。客观地分析家庭情况和条件，不要盲目地为孩子打鸡血，不要认为只要学习成绩第一，或者成为篮球特长生，就可以逆风翻盘。这一切如果没有建立在可行的基础上，都是空中楼阁。

作为家长，透彻地了解自己、分析自己之后，才会知道自己可以为孩子提供哪些额外的养分。比如，学校里的老师，特别懂得教学模式，他可能不会直接去辅导孩子做功课，但他可以有意识地从孩子3岁起,培养孩子的学习习惯和思维模式,这就是这个孩子所享受的家庭红利。每个人出生的环境和家庭不一样,每个人拿到怎样的牌几乎是无法改变的,但如何把手上的牌打出王炸效果,也是我写这本书的目的。

再举个例子,小李的邻居家,爸爸身高2.1米——篮球运动员,妈妈身高1.85米,他们把儿子送去练篮球,因为他们的儿子拥有成为职业篮球运动员的身体条件(身高高于1.9米)。小李固然可以学篮球,但小李的妈妈身高只有1.61米,爸爸的身高是1.71米,如果他们看到隔壁家小孩去学篮球,就盲目地把小李也送去学,成才率可想而知,只能作为一种兴趣爱好。学篮球或许能让他多长高一些,但不太可能具备职业篮球运动员的体格。

脑科学家梁贺岚认为,"忽视孩子的天性,可能会严重地损害孩子的自尊。如果一个孩子只喜欢安静地阅读,你却非要逼迫他参加激烈的体育竞技,那显然是一种毁灭孩子的方式"。同样,如果孩子对读书这件事情本身缺乏热情,盲目地逼迫孩子进入学术竞争激烈的学习状态,会让孩子过早地透支自己,过早地面对自己能力上的局限性,过早地承受挫败感。

达·芬奇是非常伟大的画家,我们都听说过他"画鸡蛋"的故事(虽然这个故事不一定是真的),但我们不知道的是,他有一种奇特的天赋,就是拥有敏锐的观察力。他能够"定格"运动中的物体——一只飞鸟伸展的翅膀,一匹腾空疾驰的骏马的腿，潺潺溪流的漩涡。如果你也想把孩子培养成为画家，那么你有没有评估过孩子的天赋？他对色彩是否敏感？他的观察力如何？他是否发自内心地热爱绘画呢？

你不关心他的感受，却每天逼着孩子画、画、画，这就是扼杀孩子的天性，逼着孩子违背自己的意志。

请各位家长充分了解自己的孩子，不要带着目的性去竞争，不要总觉得自己的孩子不比别人差，别人可以，我也可以。每个孩子都很优秀，拥有不一样的天赋，要认真发掘孩子真正的天赋和特长方向，知道孩子对什么感兴趣、对什么没兴趣。

孩子的童年时间是最宝贵的，他们有最具活力的大脑，处于最具创造性的年龄，一旦给予他们合适的环境和引导，他们的成就会让你大吃一惊。顺应天性，尊重孩子的原生天赋，才能让孩子在他自己热爱的土壤中开出花来。

做好掌舵人，
不要把孩子当成工具人

  前面我们讲到孩子"先天条件"的重要性，现在我们来讲讲后天的努力。可以说，现在的孩子是"最努力"的孩子，他们从幼儿园就开始竞争，甚至还有的在妈妈肚子里就开始接受"胎教"了。我们不用担心孩子不够努力，我们应该担心他们在"过于努力"的枷锁下无法活出自己。这其中很大一部分责任来自父母。

  当今的父母拥有高于父辈的知识水平和眼界，经济条件也远胜从前，对孩子的培养更有目的性，也更有掌控力。但他们的育儿方式，常常事与愿违，可以说力气使错了地方。作为孩子的掌舵人，父母应该警惕自己成为以下三种类型的父母。

一、弥补自身遗憾的父母

有些家长没有机会和条件学习钢琴，在舞台上演奏钢琴是他们童年的梦想。他们把自己童年的缺失投射到孩子的身上，希望通过让孩子学钢琴满足自己。许许多多的家长，一边希望孩子成为下一个郎朗，一边用孩子实现自己的童年梦想。

与郎朗成长的20世纪80年代不同，如今学钢琴已经不再是蓝海，从最具代表性的持续多年的钢琴热就可以看出它的普及度。据统计，中国目前超过4000万的孩子在学钢琴，琴童以每年约10万人的速度在递增。学钢琴，如果不是出于孩子自身的热爱，并不是一个投资回报比高的兴趣项目。

我之前在直播上连线一位杭州的家长，她家的小孩从3岁开始学画画，周末班加上寒暑假班，连续学了4年。然而，孩子的画画水平还是一般。

这位家长很苦恼地说："每次上课都要威逼利诱孩子，而且一看就知道，他没有用心画，只是为了应付我才去上课的，他天天想着跑出去打羽毛球。"

我问她："那为什么坚持让孩子学画画呢？"

她支支吾吾地回答："我觉得学画画挺好的，我从小就想学画画，奈何当年没有条件学，现在有条件了，我必须让他坚持下去。"

"其实，并不是他喜欢，而是你喜欢。"我说完，这位家长沉默了。

我继续说："如果你喜欢，我建议你去学画画，人生的热爱从什么时候开始都不晚。如果孩子喜欢打羽毛球，何不为孩子报个羽毛球班好好学？"

我很喜欢诗人纪伯伦的一首诗，它很好地说明了亲子关系的本质：

你的孩子，其实不是你的孩子，
他们是生命对于自身渴望而诞生的孩子。
他们通过你来到这世界，
却非因你而来，
他们在你身边，却并不属于你。
你可以给予他们的是你的爱，
却不是你的想法，
因为他们自己有自己的思想。

孩子借由你而来，却不属于你，他们将拥有自己的人生。很多父母做出的决定，都是根据自己的直觉行事，盲目坚持，只会不断增加放弃这个项目的"沉没成本"，甚至有些父母会将错就错，觉得都已经学了几年，放弃很可惜。父母在培养孩子的兴趣爱好或者特长时，一定要从孩子的兴趣出发，放下自己的童年遗憾。

在竞争激烈的今天，如果你的小孩学习成绩不好，却从小掌握了一项技能，或许会成为他未来逆转命运的钥匙（至于如何逆转命运，我会在后面的章节具体讲）。如果父母一开始把"钥匙的模具"弄错了，真是一种不可弥补的遗憾。

二、全方位"鸡娃"的父母

从事教育行业以后，我接触到许许多多的家长，他们为了孩子真的倾尽了全力。其中最让孩子喘不过气的模式就是全方位"鸡娃"。

如今的"鸡娃"已经有了白热化的态势，在中产阶层群体中风气最盛。这些孩子不仅要学文化课的升级版，比如口语、奥数和国学，还要琴棋书画样样皆精，而且还在上马术、花样滑冰、曲棍球、橄榄球、网球等小众兴趣班。

有的孩子除了日常上课，还要额外上七八个兴趣班，连晚饭都只能吃盒饭，比工薪族还要辛苦。有的孩子，不仅学奥数，而且一报就报五家不同的奥数班，每天苦不堪言。还有些"鸡娃"小区，父母自动组织纠察小队，看见在外面玩耍的孩子后都撵回家里去学习。

明明是最天真烂漫的年龄，却过得比成年人还累。疯狂

"鸡娃"的父母，成功地把自身的不安全感和焦虑通过这样的"铁血训练模式"传递给孩子，这无疑是压抑孩子天性的育儿方式。

如果要排序的话，我认为孩子的心理健康永远是第一位的，其次是孩子的身体健康，最后才是孩子的学习成绩。

孩子乐观、开朗，具有同理心，能够调节自己的情绪是最重要的，我们见过很多因心理问题而轻生的青少年案例，都让人扼腕叹息，心疼不已。

孩子的身体健康决定了他的学习能力天花板。他的饮食均衡吗？睡眠好不好？体格发育是否正常？只有健康的体魄才能保证孩子有活力，有灵活的思维，有足够的能量完成每天的挑战。

在身心健康的基础上，孩子才能好好地学习，其中包括文化学习和素质学习。因此，盲目地全方位"鸡娃"，只能是家长的"自我狂欢"，以孩子的身心健康为代价的教育，没办法养育出全方位发展的小孩。

因此，我比较建议孩子长期专注在一个项目上，如果有多余的精力也可以选两三个项目长期发展。

有很多同类型的项目是不能同时学习的，比如乒乓球、羽毛球和网球是不能一起练习的，乒乓球是用手腕发力的，羽毛球是用手臂发力的，网球是用手腕和腰部发力的。如果同时学习同类型但发力点不同的球类，孩子很难掌握好。又如，有的孩子上午练了钢笔，下午练了毛笔，然后再练铅笔，这也是很难练好的，至于具体的原因，会在后面的章节里详细展开说明。

三、"放养"型的父母

另一种极端是部分放养型的父母，他们多是双职工家庭，把孩子交给家里的老人带，或者请一个保姆照顾孩子。他们是真的完全放手不管，在这样的家庭里，为了孩子"听话"，他们会完全满足孩子的所有要求，玩手机，看电视，吃零食，不做任何家庭劳动。另外，隔代教育的弊端也慢慢显现。

在完全放养的家庭中长大的小孩，常常会过早近视，体形过于肥胖，缺乏自控力，且脾气不好。父母只是机械地履行自己的养育责任，却没有用心做到父母的本职工作，甚至会因为缺乏照顾和培养，埋没了孩子的才华和天赋。除非个别天赋异禀的小孩，天然地喜欢研究和自我探索，且刚好这种探索和思考在家里可以完成，不然孩子可以说是输在了起跑线上。

在以上的三种类型中，父母都把孩子变成了一个工具人：要么是为了满足父母自己童年的梦想；要么是为了让孩子身怀十八般武艺，比任何人都要强；要么是只想让孩子少添麻烦，不吵不闹地长大。

孩子不是一个机器，孩子有他的童年，有他的童真。他喜欢玩，喜欢探索，喜欢跟同龄的孩子在一起玩。在孩子年幼的时候，家长可以是掌舵人，但真正的航海图在孩子身上，孩子的天性和热爱会指引他们走向自己的人生和舞台。

从经济层面来说，大多数都是普通老百姓家庭，都还没有达到报班自由的程度。现在很多的兴趣班、培训班都是私人机构，教育质量参差不齐。我们要学会去辨别好的教育机构，不要盲目图小利，也要多看看目前的教育政策，不要随意给孩子进行学科类培训。

同时，家长也要明辨机构和老师的资质，不少挂羊头卖狗肉的机构，会让一些名校来挂牌，但这些机构大多跟那些名校没有直接关系，并不是名校的老师进行授课。

作为家长的我们，要武装自己的头脑。父母都很伟大，一切以孩子为先，但是伟大归伟大，经济基础决定上层建筑。家长需要脚踏实地评估，如果为了孩子的兴趣班牺牲全家的生活质量，孩子可能会生活在一个畸形的环境中，也注定不会快乐，甚至带着一种"父母为我牺牲"的负罪感长大。

培养天才大脑的秘密

很多父母都跟我抱怨，说自己的孩子懒，没礼貌，脾气不好，没耐心……其实，这都不是孩子本身的问题。孩子是父母的镜子，他身上的"劣根性"都能在父母和照料者的身上找到根源。每个孩子来到世界上，都是一张白纸。孩子通过模仿父母，逐渐习得社会的生活能力。孩子的性格来源于父母，源于家庭，源于他出生和成长的环境。

在成为父母的那一刻，意味着你不仅仅是你自己，你还是一个新生命模仿的对象，你的言谈举止，你对待家人和伴侣的方式，都会是孩子的榜样，你和你的伴侣构成了孩子的原生家庭。

婴幼儿期的体验决定了孩子的大脑结构

作为父母，我们首先要了解婴幼儿在 0~3 岁时期的特点，这是孩子大脑发育最快的时期，也是身心发展最为关键的时期。在这个阶段，父母是孩子最好的老师，父母的言传身教，胜过任何早教中心。

英国伦敦精神病学研究所教授卡比斯指出，一个人对 3 岁之前所经历的事情，都会像海绵一样吸收，这意味着孩子性格形成和能力培养的关键期就在 3 岁之前。也就是我们俗话说的"三岁定八十"。

出生第一年，是婴儿大脑发育的重要时期，也是大脑快速成长的阶段。这个时期，父母要多跟婴儿讲话，即使他还不能回答，但你对他讲话，给他做出各种表情和动作，都可以刺激他的大脑神经细胞活力，促进他的语言能力和大脑发展，而且通过语调、语气，婴儿可以感受父母的情绪和爱。

当婴幼儿接收到视觉、听觉、嗅觉、触觉的信号刺激，脑神经细胞之间建立连接，塑造他的大脑结构。人到 3 岁以后大脑基本定型。因此，家长应该多为孩子创造体验，如给孩子颜色鲜艳的玩具，多给孩子进行按摩触摸，听轻柔优美的音乐，在大自然中散步等，逐步丰富孩子与世界的各种连接。

父母是孩子最好的早教老师

很关键的一点是，家长要有意识地丰富孩子的词汇量。一位牛津大学教授花了30年调查研究，发现孩子在3岁之前，接触的词汇量越多，他理解外界和学习的能力就越强，因为词汇能激发孩子脑神经网络之间的连接。

父母平日跟孩子讲话时，要注意减少使用叠字，避免"吃饭饭""穿鞋鞋"之类的表达方式，尽量使用正规的词汇、标准的语法、丰富的词汇量。多给孩子讲故事、读绘本，可以大大促进孩子的理解能力和大脑发展。不要小看孩子的接受能力，很多孩子在2岁的时候，就能理解情节有些复杂的故事了，他们不断地在脑海里设想故事的场景，所以我们要多借助有趣的故事场景去提升认知能力和语言能力。

婴幼儿期，父母还可以有意识地培养孩子的空间感，可以跟孩子玩躲猫猫，跟孩子强调物品间的方位关系，比如"鞋子在椅子的下面""勺子在消毒柜里面""我们要穿衣服了，从上到下，先穿衣服，再穿裤子，再穿袜子和鞋子"等。同时，可以让孩子学着整理自己的物品，让孩子建立规则和秩序，以此提升他的思考能力。

父母的陪伴比物质供养更重要，会加强孩子的安全感和自信心。婴幼儿并不在意吃什么牌子的雪糕、穿什么牌子的衣服，我们成年人看来的物质条件，对他们而言，还不如父母陪自己玩一次躲猫猫来得重要。

这里说的父母陪伴是高质量的陪伴。如果可以，请放下你的手机，每天抽出30分钟，甚至15分钟，完完全全地跟孩子在一起。通过简单的游戏，比如拼积木、涂颜色、套圈圈、躲猫猫、过家家等，就可以有效地训练孩子的动手能力、思维能力、观察能力、反应能力和受挫能力。

很多家长娇惯孩子，什么都不让他去做。其实，3岁之前，我们还需要有意识地培养孩子的动手能力。心理学家认为，手指是"智慧的前哨"。大脑有独立感知手部运动信息的区域，手部的动作经过不断重复和训练，就能在大脑皮层建立新的神经元回路，让孩子的智力和协调能力得到开发。同样的道理，在幼年进行平衡力和肢体控制能力的练习，可以提升孩子运动方面的"天赋"。

最简单的一个方法，你可以给孩子准备一个小小的行李箱，在出门前，引导孩子按照不同的类型，收拾好自己要带的东西：玩具、书籍、衣服、袜子、帽子……这不仅可以培养他的行动力，还可以培养他逻辑分类的能力。

让孩子接触不同阶层的玩伴

从前，多数人生活在村子里，孩子一出家门口，就可以跟村里的小伙伴们一起嬉戏，从村东头玩到村西头。而随着城市化程度越来越高，越来越多的人生活在小区里，而且由于工作忙，我们也很少带孩子和邻里进行社交。而现在孩子要找到同龄的玩伴，是需要家长带他去特定的场所才能实现的。所以，我建议各位家长，平时一定要有意识地带着孩子多出来走走，多给孩子制造与人打交道的条件。

不过，很多父母给孩子找玩伴，都带着选择性，带着阶层观念。

有些人认为，我的孩子不能跟卖烧饼的人的孩子玩，因为我是当律师的，我的女儿只能跟公务员、警察、教师等人的孩子玩。这种想法是要不得的，孩子的社交圈是一个微型社会。大人的很多选择都带着功利心，但孩子之间的交往不应该带有这样的目的性。从本质上来说，不管父母身处哪个阶层，孩子都是纯真的。不要用成年人的思维模式去给孩子贴标签。孩子只有在与不同层级的人交往中，才能培养出良好的社交能力，才能在人际关系中如鱼得水。

跟同龄的孩子一起玩，难免会发生很多小故事。有时候，孩子被别的小孩抢了玩具，或者打了一架，各种小摩擦和矛盾都可以成为一个很好的教育素材。具体怎么做呢？即使孩子还不认识字，家长也可以让孩子以口述的方式写日记，帮助孩子把过程记录下来，再通过提问的方式，引导孩子思考。

比方说，孩子今天到小区里玩，大家排队玩滑梯，只有小胖不遵守规矩，结果其他小孩都不跟小胖玩。那家长可以问孩子："为什么大家不跟小胖玩？""为什么玩滑梯要排队？""不遵守规矩会怎样？"通过提问和引导，培养孩子自我思考和总结的能力。

孩子在幼年时接触不同阶层的玩伴，可以从他们身上学习，去理解不同的人的不同想法，理解不同的人的不同习惯，也提升自己应对各种问题的能力。在孩子交友的问题上，大人大可抛开世俗的阶层观念，让孩子在更多元的环境中成长。

为孩子打好人生的地基

5岁之前，孩子将逐步建立对世界的认知，对外界充满好奇心和探索欲。很多父母在这个阶段，天天苦口婆心地给孩子讲大道理，希望借此教育好孩子。当然，有些涉及原则和底线的道理还是要讲的，正所谓无规矩不成方圆，但很多时候，"说"并没有"做"管用。

作为一名大学体育老师，我觉得比天天念叨孩子更管用的是"实战"，通过具体的辅助手段培养孩子的行为能力。在幼儿园阶段，我们可以重点培养孩子三个方面的能力，分别是逻辑思维能力、意志力和体育运动能力，借此培养一个全面发展、健康活泼、自信且能自我控制的孩子。

培养孩子的逻辑思维能力

现在，很多孩子都害怕写作文。他们通常要背诵很多样文，到真正考试的时候，左抄一段，右抄一段，才能勉强完成一篇作文。这是因为他们没有具备逻辑思维能力，脑子里空空如也，自然不知道如何表达自己。如果我们家长做到未雨绸缪，提前培养孩子的逻辑思维能力，完全可以避免不会写作文的问题，还能提高孩子的语言表达能力。

首先，可以多听故事，中国历史上的经典故事、格林童话、安徒生童话、百科全书……如果家长可以亲自给孩子讲是最好的，如果没有时间，现在有很多线上的音频故事，播给孩子听，一方面丰富孩子的词汇量，另一方面让孩子学会语法和讲故事的模式。

其次，可以多看儿童绘本，有很多适合低龄儿童看的绘本，色彩鲜艳，故事情节有趣，字也很少，作为阅读习惯的培养，是一个很好的选择。

最后，我们要引导孩子日常回顾和总结的能力。平时我们带孩子出去玩，也可以玩出不一样的价值。比如，在一次篝火晚会结束后，现场有很多垃圾。有一位老奶奶，弯着腰艰难地收拾场地。当天回家后，你就可以跟孩子回顾这个事情，让他先聊一聊篝火晚会的情况，然后引导他去思考：你看见老奶奶捡瓶子时，感觉怎样？周围那么多垃圾，老奶奶是不是很辛苦？今天你扔瓶子了吗？我们是不是可以帮助别人，不为别人制造麻烦？这是一个简单又有效的引领孩子思考和反思的方式。

如果是画画能力比较强的家长，还可以根据当天的活动，画一组简单的图，引导孩子看图说话，让他组织语言来讲故事。如果孩子从小开始进行这类型的训练，以后写作文和表达能力会比同龄人优秀很多。

培养孩子的意志力

意志力不同于语言表达和数学能力这些显性的能力，它很容易被家长忽视，却对孩子的成长和一生都至关重要。意志力是一种内在的心理能力，是一种心理韧性，它可以让孩子敢于面对困难，拥有面对挫折的勇气。

父母或许能保护孩子一时，但往后的漫漫人生路，总归要孩子自己走下去。保护孩子，不如让孩子学会坚强。

孩子3岁或者4岁以后，如果经过评估，各方面发展都不错了，可以让孩子尝试学习轮滑。

学习轮滑不只是为了增强孩子的运动能力，更重要的是培养孩子的性格。通过轮滑的练习，可以在孩子年幼的时候，训练他的心理韧性和自我控制能力。在学轮滑的过程中，孩子会不断地摔倒又站起来。父母不要害怕孩子摔倒，也不要害怕孩子哭，这都是孩子成长过程中的功课，我们只要尽可能做好应该有的保护措施就够了。在小的时候，他可以通过这种小小的挫折，靠自己的力量重新站起来。等他长大了，遇到更大的困难，他依然具备这种独立和不服输的韧劲。

此外，轮滑需要孩子的平衡力和四肢协调，这对于三四岁孩子的身体机能的培养和锻炼，是很有效果的。你会发现，学过轮滑的孩子，在未来学自行车、游泳、跳舞等需要协调能力的项目，都会比其他人更容易上手一些。

同时，学习轮滑是有趣味性的，轮滑需要孩子的方向感、控制能力和反应能力，学会躲避障碍物。孩子熟练以后，轮滑速度可以提高，这个过程中孩子需要高度专注，所以他专注力也会逐步提高。

当然，轮滑也不是十全十美的，因为练轮滑对于未来具体升学的帮助几乎没有。由于孩子身体条件的限制，轮滑可以作为一个过渡性的项目，为孩子提高多方面的能力，为孩子的未来打好基础。

有的医生认为，过早学习轮滑可能会对孩子有一定的伤害，我则认为尽量做好全方位的保护措施即可，年龄过小时，最好注意每次训练的时长和训练姿势的正确性。

培养孩子锻炼身体的习惯

四五岁的孩子就可以开始练习跳绳了。跳绳的好处主要体现在以下方面：

有助于孩子养成体育锻炼的习惯，大大提升孩子的身体素质，孩子可以睡得香，身体健康。而且，跳绳还能挤压孩子的软骨板，软骨板受到刺激以后，就会快速地增长，同时促进孩子长高。跳绳能够促进孩子的手脚协调，是非常有效的感觉统合训练方式。感统训练，对于孩子未来的学习力提升有很大的帮助。

规律的运动习惯带来好的身心状态，运动会让身体释放多巴胺，疏解孩子的负面情绪。

另外，比较现实的问题是中考需要考体育，体育分值一直在提高，培养孩子的运动能力，也是在未雨绸缪。

综上，我非常建议孩子从四五岁就开始学习跳绳。

此处，我为大家科普一下体育运动项目的类型，它可以分为体能主导类和技能主导类。大部分田径类项目，都属于体能主导类，比如短跑、长跑、障碍跑、跨栏、跳高、投实心球等。技能主导类项目则强调技术和战术，比如篮球、网球、乒乓球、羽毛球等。

体能主导类项目不仅考验体力，也考验毅力。比如，长跑需要体力，短跑需要爆发力，投实心球需要爆发力，跳远、跳高需要弹跳力，这些基础能力就像英语的26个字母，是各种运动项目的组成要素。技能主导类项目，则更加考验技能、战术、反应力等。

跳绳，刚好能训练孩子各项基础体能素质，心肺能力、协调性、弹跳力、爆发力、速度、反应能力和耐力，面面俱到。而且，练习跳绳成本很低，容易坚持，对于场地没有限制，如果室外空气不好，在家里就能练习，不需要额外报班。

不管什么样的家庭，只要父母有培养孩子的意识，都可以把孩子培养好。

我们常常希望培养自信的孩子，孩子的自信从哪里来？来自他清晰的思维能力，能够有条理地表达自己；来自他的心理韧性，遇到挫折不会退缩和放弃；来自他良好的身体素质，精气神十足。这一切都是幼儿园时期，父母可以为孩子有意识培养的。

孩子的未来是不可预测的，未来可能成为奥运冠军，成为学者，成为艺术家……从小培养好孩子的思维能力、意志力和运动习惯，能为孩子的未来打下坚实稳定的基础，有百利而无一害。

培养会"玩"的孩子

小学阶段是孩子可塑性最强的阶段。有人把小学一年级形容为孩子的第二次断奶期，他们从快乐的幼儿园生活过渡到遵守纪律的校园环境中。

在幼儿园阶段，孩子依然会获得生活起居等方面的照顾，以玩耍为主。而在小学阶段，孩子要独立学习和完成作业，遵守学校的规则，自己去面对和处理与同学、老师的关系。这对于孩子和父母来说都是一个挑战。

在这个阶段里，家长有两大主要任务：首先，是帮助孩子实现身份的转型，适应和面对校园生活；其次，是培养孩子"玩"的能力，玩出价值，玩出未来。

学校不是战场，是孩子成长的沃土

在各种观念的支配下，大多数父母都会陷入一个误区，他们对孩子只有一个简单粗暴的要求：考试成绩好，最好能考100分或者第一名。扪心自问，这些要求孩子考第一名和100分的家长，自己小时候是不是每次都能做到？

这个看似对孩子充满期待和鞭策的要求，其实是父母偷懒的表现。他们并没有把孩子看成一个立体的人，而是把考试成绩作为衡量孩子是否优秀的依据。在小学阶段，孩子需要进入正向循环模式，建立与人交往的能力，父母应该把学校看成培养孩子快速成长的场所。

你的孩子是否对上学充满期待？害怕上学吗，甚至装肚子疼，也不要去上学？刚迈入校园的第一个月，父母要关注孩子的情绪，主动引导他分享今天在学校发生的故事，鼓励他，肯定他，并一起为孩子的困扰想办法。

有些孩子听不懂老师讲的课，有些孩子不敢在学校里上厕所，有些孩子吃午饭吃不饱……他们会遇到各种我们大人无法想象的小问题，如果不及时解决，孩子可能会产生厌学情绪，甚至影响孩子的心理健康。

当孩子喜欢去上学，在学习中找到乐趣，与同学建立友谊，在老师身上获得肯定和鼓励时，他自然会成绩好，继而喜欢上学。这就是一个正向的、积极的循环。因此，孩子进入校园的第一步，父母必须悉心陪伴，帮助他们顺利过渡到正向的循环中。

在进入校园之前，孩子生活在父母和幼儿园老师的羽翼下，有矛盾的时候，会有人为他主持公道。进入小学以后，老师本来就分身乏术，对于孩子间的问题，不能一一解决，这个时候正是孩子建立社交能力的好机会。

在学校里，每个孩子都是父母的心肝宝贝，很多孩子骄纵又不讲理，父母要做好心理疏导，当好问题军师。孩子天性并不坏，但往往孩子之间的快言快语最伤人。长得胖的孩子，会被笑称胖子；考试最后一名的孩子，会被同学瞧不起。如何引导孩子去看待被嘲笑、被孤立、被恶意对待的方式？这是小学生父母非常重要的功课。

父母先管理好自己的情绪，成为孩子可以信任的人，同时扮演好军师的角色，每天与孩子沟通谈心，让孩子敢于说出烦恼，为孩子陈明利弊，并给予孩子一些解决问题的建议和方式。

会玩耍的小学生，未来走四方

7岁左右的孩子，注意力只能维持20~30分钟，负责自控能力的前额皮层还没发育完成，普遍缺乏自律和自觉性。如果父母强硬地要求孩子每天埋头读书、背古诗、抄生字、做习题，只会引起孩子的抵触情绪，也扼杀了孩子宝贵的创造力和学习能力。

这个阶段的孩子依然以玩为主，以健康为主，以开心为主。在这个阶段，玩要是孩子行动的第一大动力。那么，让孩子玩什么呢？不同于小朋友漫无目的的玩，小学生可以玩得更有价值，通过玩来循序渐进地挖掘自身的兴趣特长，让兴趣爱好成为未来升学的秘密武器。

三年级以前，孩子可以广泛尝试自己感兴趣的项目，钢琴、唱歌、轮滑、篮球、乒乓球、羽毛球、乐高、围棋，但凡孩子喜欢，都可以让孩子去尝试。这是一个放飞天性、自由发展的时机，特别当孩子对某个项目兴趣很浓厚时，父母应该鼓励他坚持下去。

三年级后，父母要发挥舵手的作用，让孩子认真学习文化课，同时精简兴趣项目，结合孩子的兴趣和天赋，留下1~2项特长即可。孩子的精力有限，时间有限，很多时候选择比努力更重要。不同项目的含金量不一样，有些项目学了，孩子以后成绩不好，可以靠这些项目成为体育特长生、音乐特长生、美术特长生，成为孩子在未来的护身符和跳板。有些项目，即使学十年，也只能是个单纯的爱好。

基本上书法、乐高、滑冰、马术这些类型的项目可以暂停，除非孩子天赋过人，不然很难助力孩子的未来。相反，学习篮球、足球、声乐、散打、羽毛球、画画这些项目，可以在未来帮助孩子弯道超车，作为特长生考大学，也可以拿着国家二级运动员证书通过单招入学。

之前有位家长找我，她说儿子学乐器学了十多年，高三成绩不好，只有380多分，能不能走音乐特长生？我问她，那你儿子学的什么乐器？她说，葫芦丝。我只能很抱歉地告诉那位家长，学葫芦丝可能不太行，如果学的是钢琴或者古筝，那应该问题不大。十年的童子功练习，足够成为孩子未来升学的跳板，只可惜他们选错了项目。

作为一名大学体育老师，我给大家一个体育项目推荐排序：足球>篮球>排球>羽毛球>乒乓球>网球>游泳>武术>拳击>跆拳道。大家需要理解的是，我是根据孩子成才的难易程度来排序的。具体选择时，需要结合孩子的实际情况。

练习体育项目，是否能成才，除了孩子的努力和坚持，还需要具备先天的条件，像篮球运动员需要身高达到1.9米以上，才具备成才的可能性。如果孩子父母身高都低于1.75米，目测孩子的身高不会达标，那么选择足球、羽毛球或乒乓球，对他来说会比篮球更优。如果你的孩子更喜欢游泳，天生就热爱游泳，那么游泳对他来说，会比羽毛球更优，兴趣永远都是最好的原动力。

当然，除了体育项目，声乐、钢琴、古筝、美术等都可以作为孩子的兴趣爱好,甚至发展为他的特长项目,关于特长生中考、高考逆袭的干货内容,我会在后面的章节里详细分析。

总而言之,父母要有一双慧眼,善于发现和培养孩子的特长。不少孩子以一项特长走天下,这些特长的种子都是小时候埋下的。

别被"成绩"一叶障目

在升学压力面前，父母和孩子都开始变得焦虑，加上孩子的青春叛逆期，可谓雪上加霜。大部分家长都担心同一个问题：孩子成绩不好，考不上理想高中，考不上理想大学，该怎么办？

我非常理解各位父母的升学压力，中考的竞争依然很大，成绩固然重要。在应试考试规则下，很多城市里，只有50%左右的孩子能读普通高中，20%左右的孩子读职业高中，20%左右的孩子读中专，剩下的10%左右的孩子读技校，有的孩子成绩实在不理想，干脆就此辍学。在很多家长看来，成绩几乎是决定孩子未来走向哪里的唯一依据，成绩不好，孩子的一生似乎都完了。

我深切地理解各位家长内心的焦虑，但解决焦虑的方式只有一种：找到具体的应对办法。很多家长被"成绩"一叶障目，想尽办法让孩子勤学苦练，请辅导老师，报培训班，日夜不停地学习，可是成绩依然没有起色。

寻找学习成绩不好的原因

影响孩子成绩的因素，不仅仅是学习的态度，经常被忽略的学习方式、家庭氛围、孩子的营养都是其中的关键因素。而且，当孩子惊慌和焦虑之时，作为父母，我们要稳住军心，成为孩子升学期的强大后盾。

总体来说，我认为，孩子在整个求学阶段，父母要先端正态度，孩子的心理健康永远是排在第一位的。孩子的身体健康第二重要，身高、视力和身体素质，会是未来从事很多职业的基本要求，也关系到孩子生活质量的高度。最后，才是孩子的学习成绩问题。

有些孩子的天赋不在应试能力上，他可能擅长体育，也有可能擅长表达，或者有的孩子动手能力很强……家长要学会放弃赌徒心理，不要一条路走到黑，学会理性地找原因，去发现孩子学习不好的根源在哪里。

有些孩子学习不好，是因为学习方式不对，只懂埋头苦干，家长要引导孩子，学会在玩的基础上，劳逸结合。学会"换脑子"学习法，学习学累了，去打会儿羽毛球，到公园走走，有技巧地放松，以更轻松的心态来学习，反而事半功倍。

有些孩子学习不好，是因为在班里被同学霸凌，家长必须及时向老师反映情况，说明客观现实，请求老师的干预和帮助，让老师作为孩子的第一道保护线，并及时重建孩子的自信心。

有些孩子每天都坐在书桌前，一门心思地读书，结果体态不好，含胸驼背的，体育成绩不达标，家长有必要引导孩子做简单的家庭体育训练，比如跳绳、开合跳、伸展运动、原地高抬腿等，这些有助于长高，发泄情绪，保持健康。需要注意的是，单杠、俯卧撑、引体向上、哑铃等无氧运动影响孩子长高，生长发育期的孩子要尽量避免。

睡眠和营养要跟上

绝大部分的孩子都缺少睡眠，有的孩子每天五六点就起床，晚上写作业到10点、11点是常事。小学阶段应该有10小时睡眠，中学阶段要有8~9小时睡眠，才能保证孩子的生长发育。睡眠也是清理大脑垃圾的时刻，孩子具备更清晰的头脑、更灵活敏捷的思维，才能有更好的学习能力。在睡眠的问题上，家长要打好配合，为孩子创造更多的睡眠时间，中午和傍晚打个盹，也可以很好地舒缓孩子的状态。

如果有条件的话，孩子能不住校就不住校，十多岁也是青春叛逆期，住校的孩子缺乏家庭的照顾，一来营养上没有保障，二来父母不能及时了解孩子的问题和困境。

孩子的饮食是非常重要的。如果孩子整天停不下来，经常眨眼睛，有多动症的症状，会从生理层面上造成注意力不集中，学习能力和反应能力不足的问题。因此，父母要注意做好饮食营养配搭，以食疗为主，可以多吃橙子、苹果等蔬果，配合健康的蛋奶、肉、鱼、虾、核桃等食物，不要乱吃保健品。

如果孩子摄取过多汉堡、可乐、奶茶、蛋糕等垃圾食品，大脑会处于休眠状态，没办法很好地学习和思考，虽然体育运动也可以改善孩子的身体状态，但最重要的是营养要均衡。具体的饮食建议，家长可以参考饮食金字塔，每天的饮食蔬果占75%，肉类占25%，尽量保证食物种类的多样性，摄入多种营养元素。

平日里，多吃鱼肉、贝类、藻类和牛肉、牛奶、羊奶、坚果、麦片、鸡蛋、蔬菜、水果等健康的未经精细加工的天然食品，有利于提升孩子身体机能。尽量避免喝碳酸饮料、奶茶，吃煎炸食品、辣条等垃圾食品。

家庭氛围抵万金

另外，还有一个对孩子至关重要的影响因素：家庭氛围。

如果家里氛围不好，父母吵架，经常在孩子面前互相攻击，孩子会非常缺乏安全感，每天担惊受怕，明明在上课也在考虑爸爸妈妈的事情，上课注意力不集中，没办法全身心投入学习。

再次恳请各位爸爸妈妈：请你们一定要做到一点，不管你们有什么矛盾，千万不要在孩子的眼皮底下吵架，甚至大打出手，或者教唆孩子讨厌对方。请做个成熟理智的大人，不要把负面情绪带给孩子。

另外，如果家里的老一辈溺爱，也会影响孩子的正常生活。溺爱让孩子觉得自己是世界的中心，可是在学校里，迎接他的可能是一次又一次的挫败。因此，父母要掌握好分寸，不溺爱，也不随意打骂孩子，营造安全舒适的家庭氛围，尊重孩子，像对待朋友一样跟孩子相处。

在孩子身体好、营养够、睡眠好、家庭氛围好、学校关系和谐的情况下，父母要做到以下三点：

第一，不要盲目攀比。孩子明明学了羽毛球和画画，成绩也好，可是家长一看隔壁孩子钢琴考过了十级，羡慕之下，也想让孩子去学，硬生生地把孩子的生活平衡感打破。

第二，不要焦虑。小孩要上学，要处理同学关系，还要认真学习，已经很累了。但有些宝妈比较闲，经常焦虑，整天担心个不停，还把这种焦虑传递给孩子，加重孩子的心理负担。

第三，要分清孰轻孰重。比如，如果孩子成绩好，那么学习围棋是提升思维能力；如果孩子学习都学不好，还要去学围棋，会成为另一种负担，且对升学考试没有太大帮助。

如果家长把上述要点都做到位了，孩子成绩依然不好，父母也不用过于担心。因为，你的孩子适合走另一条弯道超车的路线，具体的办法我会在后面的章节里为大家讲述，这些方法可以有效应对各种疑难杂症。相信每位家长都可以保持开放的心态，与孩子从容地走过升学期。

2

给孩子最需要的支持

有的孩子成绩特别不好，家长就觉得他特别差劲，甚至认为"这孩子一辈子就这样了"。

在我看来，如果你的孩子成绩不好，首先要解决的并非如何提高孩子的分数，而是理解孩子的情绪和心理变化，给孩子鼓励和支持，提高孩子的自信，然后静候花开。

家庭教育的本质是什么

家庭教育的本质是什么？大教育家陶行知说："好的生活是好的教育，坏的生活就是坏的教育。"区别于学校教育和社会教育，家庭教育的本质是生活教育，是让孩子具备独立生活和思考的能力。

如果说孩子是一株花，那么家庭教育就是土壤，家庭教育决定了一株花能否扎根，能否茁壮成长，能否承受外界的大风大雨。

作为父母，可以教育孩子的东西实在太多，比如良好生活习惯的培养、三观的培养、审美能力的培养，特长的发掘，自信的建立，待人接物，发现生活中的真善美……家庭教育从宏观的角度来说，可以涉及一个人的方方面面，这些我们都可以归类为基础教育。

所谓的基础教育，我也称为孩子的"成人"教育。也就是每个人都应该拥有的能力，这些是孩子作为人的根基，是他们精神的支柱和原则，也将构成他们的底线和原则，是一个孩子"成人"的基础条件。

先成人，后成才，下面我来与大家分享家庭教育中的三个重点方面。

个性就是孩子的核心竞争力

首先，我们要培养出有个性的孩子。对孩子的教育由三个部分组成，分别是家庭教育、学校教育和社会教育。通常一个班级里有四五十人，一样的教育，一样的老师，如何让我们的孩子区别于其他孩子，拥有不一样的个性和亮点？关键在于家庭教育。

当孩子有正确的三观，有较高的道德标准，也懂得换位思考时，家庭教育要给他的是区别于其他人的个性。我们常说家校合作，很多家长误以为是学校想偷懒，把教育的负担交给家长。其实不然，家校合作正是让孩子区别于其他孩子的关键。要知道，单凭学校教育培养出来的孩子就像同质化的流水线产品，孩子的好奇心和创造力并不是学校教育能够兼顾的。

假如你希望你的孩子是独一无二的限量版，你必须给他独一无二的关注和引导，否则孩子学到的跟同学一样多，思维方式也跟同学一样，所有的孩子就像一排排陈列整齐的商品，即使可以成为社会的螺丝钉，也没有更高的价值。

当一群孩子都会唱歌，每个音都唱得很准时，如何选出最优秀的歌声？是不是看哪个孩子表现力更好，谁的肢体语言和表情更丰富，哪一个更全程投入其中？

因此，基础教育之上，孩子如何表达个性，展示出自己的差异和与众不同，就是我们父母要观察和支持孩子持续自我发觉、自我培养的重点。

那么家长如何培养孩子的个性呢？

第一，不要为孩子设置很多条条框框。很多事情没有绝对的标准答案，鼓励他去寻找答案，并给予他及时的肯定和鼓励。如果有一群孩子说叔叔阿姨好，当然能获得对方好感，但其中有一个孩子说"阿姨你的头发好卷，看起来像云朵一样美"，那么这个孩子就是不一样的，他就给别人留下了深刻的印象。

第二，让孩子看见更多的个性。一个没有看过星空的人，无法想象月食。孩子对所有新鲜事物充满好奇，家长可以尽可能地为孩子创造多元化的体验，比如去旅游，去看展览，看电影，看书，看纪录片，让孩子接触更多的美，去感受更多样的世界，感受世界的丰盈和可能性。

"不听话"的孩子，看见更多可能

其次，我们要培养孩子独立思考的能力。老一辈的人常常要求孩子听话，就算是送孩子上学，也不忘说一句"听老师的话"。这种根深蒂固的"听话"式培养，极其扼杀孩子的自我思考能力。听话意味着顺从，意味着孩子没有地位，没有发言权，而且还会因为顺从获得家长或者老师的肯定，这种行为模式本身就是一个错误，这种看似正面的奖励机制从根本上扼杀了孩子独立思考的能力。

从小只会顺从别人的孩子，缺乏创造力，甚至习惯于忽略自己的感受，在小时候他无力去争取自己想要的，长大以后，他也丧失了这种自主思考的能力。长大之后，他必定要面对更加复杂的世界，和更多的人打交道。我们看到，有很多人上当受骗，被骗子的一套套话术洗脑，被无尽的利益和"大饼"所吸引，甚至有的人被骗之后，拉都拉不回来。但是，为什么有些人可以始终保持清醒呢？为什么有的人面对再大的诱惑、再好听的话语，也不会被打动呢？因为他们从来就不是听话的人，他们有自己理性的思考，他们通过分析，能够判断出一些事情是不合逻辑的，因此"避坑"。

"不听话"的孩子，才是未来的人才，如果马云听话，他还会创办阿里巴巴吗？他也许只能成为一位普通英语老师。那么我们如何培养孩子独立思考的能力？最重要的就是要让孩子敢于发问，遇到事情问一句："为什么要这样做？"孩子发出疑问的时候，就是他开始独立思考的时候。

我小学四年级的时候，有个平日不苟言笑的数学老师。有一天他忽然春风满面地来到班里，还带了一箱的文具，有铅笔盒、圆规、三角尺、笔之类的，质量不太好，价格也高，他说同学们可以直接到他那里买文具，不要去外面的小卖部买。

我当时就在心里嘀咕，这个老师平时那么凶，今天向我们笑，不会就是想高价卖文具给我们吧？可是老师这样做是对的吗？我后来把他举报了，当时的校长也来课堂上考察，自那以后，那个老师就没有再在我们班上卖过高价的文具了。

对于孩子来说，老师就是最高权威，基本上没有孩子敢反抗，但往往这类型的绝对权威会产生很多悲剧，比如一些校园欺凌事件。如果孩子过于隐忍和听话，他们往往会陷于困境，不敢告诉家长和其他人，不敢为自己争取利益。因此，自主思考的能力和判断力，一定程度上可以保障他们的安全。

自主思考，不仅体现在反抗权威上，还可以体现在日常上，比如学会剖析一件事的内在原理，分析别人言谈举止的动机。让孩子从观察生活、观察他人开始，保持好奇心，自主思考，逐渐具备解决问题的能力。从现在开始，请家长们不要让孩子盲目"听话"，鼓励孩子多提问、多思考，让他多尝自主思考的好处，成为一个对生活有观察和反思的小小思考者。

做个"识时务"的小机灵鬼

最后一个家庭教育的关键是，孩子要学会灵活，也可以说是具备伪装的能力。现在很多孩子都过分"天真"，他们认为世界是光明的，所有人都是好人。他们或许自己不撒谎，但他们不知道别人会撒谎，也不懂得如何保护自己。作为父母，要教会孩子自我保护的能力，学会灵活应对生活中遇到的人与事。

给大家分享一个真实的经历：我小学五年级时，我们班的同学跟我一起在球场踢足球，有几个不良少年拿着小刀，威胁我们把零花钱交出来。

第一次，我们都很害怕，把钱给了他们。这几个人尝过甜头后又来了，而且要求我们一个小时后每人拿50元钱给他们。我们没办法只能答应。

当他们离开后，我和几个同学商量：这样下去也不是办法，我们会一直被他们勒索，不如报警，把这几个人抓住。于是我们到附近的派出所向警察讲述了此事，警察穿着便装跟着我们来到了足球场。

我们拿着50元钱回到足球场，那几个人果然又出现了，晃着小刀子，让我们把钱交出来。这时警察叔叔现身，我和我的同学们终于逃离了魔爪。自那以后再也没有人来勒索我们了。

假如我们当场直接反抗，大概会被他们伤害。如果我们持续满足他们的勒索，这将是一个无底洞。所以，我们表面答应，却找来了警察叔叔帮忙，真正解决了我们的困境。

孩子的体力可能很弱，但一定要有头脑，不能一味软弱，面对危险和障碍，不要硬碰硬，可以借助家长或者其他人的力量，解决一些自己无法解决的问题，从而更好地保护自己。这就是我认为非常重要的灵活应变。

对于家庭教育，我一直有一个观点：孩子是父母的影子，如果你希望孩子自律，你必须先自律；你希望孩子谦卑，你必须学会谦卑。家庭教育的本质是在生活中教育孩子，如果想让这种教育卓有成效，家长必须从改变自己开始，才能改变孩子。

父母通过观察和发现孩子的天性，帮助孩子成为他本来可以成为的样子。发挥孩子的天性，鼓励他自主思考，支持他表达自己的见解和疑问，即使孩子的观点未必全部正确，但你必须捍卫孩子提问和表达的权利。孩子思考的能力，形成在一次次的自我反思当中，这其中经历的成败得失反而并不那么重要，它们只是辅助孩子成长的通关游戏。

打破"寒门难出贵子"的魔咒

有一本书叫《我在底层的生活》。美国畅销书作家芭芭拉·艾伦瑞克隐姓埋名来到底层劳工当中，体验他们的真实生活。她去了不同的城市，体验不同的行业，做过服务员、清洁女工和看护等。她发现底层劳工几乎很难改变自己的命运。因为他们没有钱，必须住在偏远的地方，通勤时间非常长，工作非常疲惫，不管是精神上还是时间上，都没有提升自己从而走出眼前困境的可能性。

穷人之所以穷，不见得他们比富人蠢或懒，只是因为他们身处的环境。他们只是活着就已经感到筋疲力尽了，没有多余的能量和能力逃离原来的负循环。寒门难出贵子，这句话刺痛了很多人，不仅是寒门，就算是现今的普通家庭的孩子，大多数只能沿着父母的脚步走下去，长大以后成为和父母差不多的人。

我们在网上看到不少激励人心的故事，还记得那个为了上网课，爬到山顶找信号，眼睫毛上挂满了雪花的孩子吗？寒门孩子，为什么难以改变命运呢？因为他们一出生就输在了起跑线上。

他们没有生在出贵子的环境中，既不是生于书香世家，也没有接触过文化熏陶，甚至他们的老师都是那些怀着一颗爱心，才得以在偏远山区支教2～3年的志愿者。他们既没有好的文化氛围，也没有好的师资环境。

另外，他们的父母多数去了大城市打工，或者多为双职工家庭，孩子只能交给爷爷奶奶教育。隔代教育造成了各种问题，老一辈带孩子通常只管吃饱穿暖，甚至饮食也不健康，吃大量的碳水化合物和粗粮，导致孩子长不高，营养不够，精力不足，大脑也不够灵活。对孩子宠溺也是老一辈带孩子常出现的问题，有的孩子觉得自己是世界的中心，即使自己的家里一贫如洗，也感受不到父母和爷爷奶奶的压力，有的小孩还会变成游手好闲的懒人。

如果我们来自普通家庭或者贫困地方，想要孩子离开寒门，我们得先离开寒门的大环境。如果要离开家乡打工，尽量不要让孩子当留守儿童，不要隔代教育，再难再累，也要把孩子带在身边。

从另外一个角度来看，带着孩子来到大城市，一家人可能会蜗居在小房子里，生活或许更拮据了。但是房子外面呢？外面是大千世界，图书馆、博物馆、公园……孩子从小可以体会大城市的文化气息和资源，这些是无价的。

比这些更无价的，是童年跟父母一起生活的体验，孩子将拥有亲子关系带来的安全感。其实，大部分孩子对于物质并没有概念，他们不会认为住在出租屋里很丢脸，也不会认为吃挂面很惨，他们觉得，能跟父母在一起才是世界上最重要的事情。

或许此刻横在你们眼前的是生活的重负，是一天工作16个小时才勉强维持温饱的窘迫日子，但与此同时，你的孩子正度过人生唯一一次的童年，只此一次，不能重来，无法弥补。好的童年治愈一生，不好的童年需要一生去治愈。

我真心劝慰大家，尽可能陪伴在孩子的身边。或许你会有千万种难题：孩子没人带，没有公立幼儿园可以上……但我相信，只要你下定决心做这件事，总会有很多解决问题的办法。最难的是你犹豫不定的时候，你会感觉无数的问题扑面而来，而且看上去都无法解决。

你想让孩子成为怎样的人，他就有机会成为怎样的人。寒门出贵子不是不可能，但它非常难。它有一个大前提：你意识到自己的家庭经济条件跟一些富裕家庭、中产家庭相比有着巨大的差距，说白了，你的孩子在"起跑线"上就输给很多人了，为此你付出千倍万倍的努力，不断地支持孩子，才有可能让他摆脱原生家庭的困境，帮助他成为理想中的人。

笨鸟要先飞，寒门要卧薪尝胆。我之前连线过一对在广州摆烧烤摊的夫妻，他们的儿子本来留守在农村，跟着爷爷奶奶生活。这对夫妻很焦虑地问我，儿子现在才一年级，在乡下天天逃课，脾气非常不好，不知道怎么办。

我建议他们把儿子接到身边来。一开始，这对夫妻支支吾吾地说，这边环境不好，他们工作很辛苦，孩子也没办法照顾之类的。我反问了一句："那么你儿子现在在乡下有被照顾好吗？"二人顿时沉默。

他们后来考虑了两个星期，终于把儿子接到身边。

他们将烧烤摊挪到了比较偏远的地方，那里有民办小学，学费还能接受。儿子转学以后，有了新的校服，有了新的学习环境，周一到周五在学校寄宿，周末就跟着爸妈一起经营烧烤摊。在学校和家长的教育下，从前的陋习也慢慢被纠正过来。

每个周末，他亲身感受着父母的辛苦工作，开始帮着忙里忙外，也因此接触到很多不同类型的人，逐渐变得懂事。

来到了大城市，他对世界有了新的认识，他说希望未来可以考上大学，给爸妈在城里买一套房子，未来要开一家大酒楼。

他们的儿子才6岁，这一系列的变化足以改变孩子未来的人生轨迹。如果孩子继续在农村当留守儿童，恐怕逆袭的概率要降低不少。

虽然每个人有不同的家庭环境、不同的容貌、不同的天赋、不同的人生际遇，但我始终相信等价交易原则，你希望逆天改命，希望寒门出贵子，你得为此做出相应的努力，"我命由我不由天"是需要浴火重生的。

做80分的父母，不焦虑，不苛求

在和大量父母打交道的过程中，我明显地感受到了他们身上蔓延着的焦虑，很多父母好像时时刻刻处于崩溃边缘。

焦虑是一种情绪的毒药，不仅父母为其所苦，孩子也难逃其害。北京大学的一项中学生调查显示，每5个中学生中就有1人考虑过自杀，这固然跟他们青春期的叛逆心理有关，但也不能撇开家庭教育的因素，很多孩子感受到了巨大的压力和挫败感。

作为家长，我们唯有照顾好自己，才能有余力引导孩子。情绪稳定的父母，才能养育出内心有力量的孩子。

那么，当代的父母为何如此焦虑呢？父母的焦虑，来自不确定性。不知道孩子能不能考上大学，能不能有个好工作，能不能有个好未来。明明知道焦虑于事无补，但依然无法自控地陷于其中。

于是，父母们只好在不确定性中寻找确定性，这样，终于找到了一条"确定"的道路——孩子的成绩，将成绩作为衡量孩子成败的唯一标准，觉得成绩一好，便有了出路。

我把这种心理，称为"成绩陷阱"。

父母都希望自己的孩子当第一名，但第一名只有一个，其余几十个孩子的父母怎么办？作为父母，要善于发现孩子的闪光点，也许成绩不好，但孩子跑步快，可能他细心耐心，也可能他非常懂礼貌或善于沟通。

同时，我建议大家远离一些有毒的社交网络环境，不要在朋友间互相攀比，不要产生那种"我的孩子厉害，我特别骄傲"的虚荣心态。孩子有孩子的人生，你也有你的人生，不要把自己的人生成败得失寄托在孩子的身上。

如果你不满意自己如今的社会地位，不满意自己现在的生活，那你唯一能做的是为之奋斗，而不是把这个重重的包袱放在儿女的身上，还美其名曰："爸爸妈妈相信你能做得到！"

学习的本质是什么？并不是逼迫孩子把古诗背得滚瓜烂熟，而是当他读过"锄禾日当午，汗滴禾下土"之后，他知道自己的盘中餐得来不易，知道"粒粒皆辛苦"，会珍惜粮食，能体谅劳动者的辛劳，尊重他人的劳动成果。他要学习的，是古诗词背后的文化和精神。

回归学习的本质，比追求分数更重要

从某种程度上来说，孩子的学习浮于表面，未能回归学习的本质，并不能怪孩子，因为当一份试卷摆在孩子面前，他却答不出来时，就是会被扣分，如果孩子接受知识的能力不佳，就是有可能考不上高中和大学。这是客观事实。

作为家长，我们也要认识到，目前的应试教育模式是为升学服务的，也确实是筛选人才的一种方式。那升学以后呢？孩子是一台只能背诵诗词歌赋的机器，还是成为一个满怀悲悯和被美的诗句熏陶的有志青年？这需要家长不断地从旁引导，在死记硬背的基础上，多一点思考，多一点收获。

我们会发现，一些所谓的学霸毕业后，往往不是在职场中混得风生水起的那一个，因为有一部分学霸靠的是记忆力，靠的是循环往复地刷题。这样的"学霸"，往往缺乏自主思考能力，他们思想的土壤很贫瘠，甚至连社交能力都不具备。

回过头来说，孩子课本里的内容都是经历过千淘万洗的，是精华中的精华，如何去吸收这些精华，做到学以致用，才是我们家长最应该关心的问题。只有那些始终保持警觉、认真思考的孩子，才能在最后的社会大考中表现出过人的风采。

作为人生根基的基础教育依然要进行，因此成绩很重要，但成绩不是唯一的标准，学习本来有着更广阔的内涵，也有着更多样化的模式。我会在这本书里介绍"弯道超车"的路径，目的在于让成绩不好的孩子也有机会接受全日制大学教育，只要孩子希望成为大学生，他都有可能和途径成为大学生。放下焦虑，条条大路通罗马。

只有接纳不确定性，才能遇见可能性。我们担心孩子过不好这一生，认为成绩是最稳妥的道路，但即使是我们自己，又如何保证自己可以过好一生？为人父母的基本准则之一，是不要要求孩子去做连父母自己都无法做到的事情。

不同的人，有不同的位置

我们要认清一个事实：社会上需要各种各样的人，不同的人有不同的道路和位置，不一定非要走大家都想走的路，不一定非得成为白领、医生、律师。

现在，蓝领和白领的生活层次水平逐渐拉近，一些优秀的蓝领，收入、成就感和受尊重程度都不比白领低。举个最简单的例子，在汽车4S店里，修车师傅的月薪可达万元以上，而很多办公室文员的月薪可能才几千元。此外，修车师傅吃的是技能红利，越老越值钱，而一些白领，如果做着不需要太大技术难度的工作，则很容易被逐渐淘汰，竞争压力非常大。

当我们以更广阔的维度来看待就业，就会发现不同岗位的人都在为祖国的发展发光发热，我们的社会需要学者、科学家，也需要匠人和修车师傅。在职业上并没有高下之分，少了谁，大家的生活都不能正常运作下去。

我们不仅要说服自己，接纳孩子未来不一定从事我们心目中的理想职业的现实，还要教育孩子尊重每一位劳动者，因为孩子今天对他人的善意，将会是明天他人对孩子的善意。

在今天的社会中，只要你足够勤奋、足够认真，都可以生活得不错，衣食无忧说不上，但足以过好自己的日子。

最简单的一个办法，你去观察自己周围的人群，那个每天早上4点起床就开始准备的早餐摊阿姨，是不是精神爽利地工作着？她脸上的笑容不是装的，因为装不来。当然，同一个工作还会有不开心的阿姨，为什么呢？因为她们有不一样的童年、个性、饮食习惯，身体健康程度也不一样，这些看似微不足道的事情决定着一个人的整体状态。

欲戴皇冠，必承其重。当我们羡慕别人年薪百万的同时，我们看不到他们三百六十五天的连轴转。在这个世界上并没有什么轻松的工作，也没有随随便便成功的人生。我们的孩子，只要三观正，勤恳工作，真诚待人，勤于锻炼，即使没有年薪百万，他也将拥有平凡幸福顺遂的一生。

人生跟考试一样，学会课本上的知识点和习题，你就能考到80分，剩下20分能不能拿到要看个人的能力和运气，即便是80分的人生也足以安稳过一生。同样的道理，80分的父母已经足以不焦虑，已经足以为孩子铺好前进的道路。成为80分的父母，足以让我们放下为人父母的焦虑。

作为父母，我们的基础习题是什么呢？我认为有三个方面：

首先，改变自己的观念，接纳孩子成为他自己。

科学家也好，技术匠人也好，面包师也好，孩子有自己的道路，而且这条道路不能简单粗暴地评价为某某职业一定好，某某职业一定不好。

其次，我们要引导孩子回归学习的本质。

一个孩子的基础素养在校园时代形成，背诵诗词歌赋是好的，能理解诗歌深刻的内涵并学会做人做事的道理，更是需要父母引导和鼓励的。

最后，我们要培养孩子的基础素质。

培养孩子正确的三观，坚韧不拔的个性，面对挫折能够重新站起来的能力……同时把孩子的饮食营养搭配好，把视力保护好，该长高长高，该奔跑奔跑，孩子未来可期。

耐心地等待孩子绽放

有些孩子考试才考十多分,家长觉得他特别差劲,也没有任何特长,甚至认为"这孩子就算废了"。

在我看来,如果你的孩子成绩真的非常差,你首要解决的问题,并不是如何提高孩子的分数,而是怎样提高孩子的自信。

别让孩子陷入自卑的泥沼

大部分的父母很少关心孩子是否自信,但自信的重要性是不可小觑的。要知道,一个自信的孩子拥有高自尊和自我价值感,他相信自己能够做到任何事,即便遇到挫折,依然可以站起来,继续努力。

孩子最初的自信源于哪里？源于父母的认可。一个孩子如果在家里得不到温暖和认可，在成长的过程中不断被否定，自卑的情绪会延续到学校里，他会觉得"我不配得到大家的关注和尊重"。老师和同学跟他非亲非故，运气好或许相安无事，如果遇到班级氛围不好的情况，孩子之间可能会出现互相踩踏的情况，这就是孩子在校园中要面对的小社会环境。

自卑的孩子在校园中往往会成为被欺负的对象，因为他们懦弱，不敢发声，不敢反抗。自卑的学生，往往成绩也不好，因为一个人的自我怀疑和自我否定不是定向的，他否定的是全部的自己，他不相信自己有能力变得优秀。

大家应该听过一句戳心的话，当你粗暴地对待自己的孩子时，他不会讨厌你，但他会讨厌自己。每个孩子都是单纯的，他们单纯地信任父母，信任老师，他们很少以恶意的角度去揣测父母，他认为父母说的话都是对的，做的事情都是合理的。

高情商的父母，可以管理好自己，善待自己的孩子，这样孩子易形成良好的自我认知，逐渐建立自己的信心。而有的父母则把一切的错误归因于孩子本身，用习惯性的指责和否定，让孩子深陷于自卑的泥沼。孩子每天带着负面情绪回家，再遭遇负评价，形成一种恶性循环，在一日复一日当中，变得更加自卑懦弱，一步步走向自我怀疑的深渊。

我还是想劝各位父母一句，我们应该用一个开放的思维去看世界，学习不是唯一的出路，不要因为学习成绩不好，就否定孩子的全部。大多数父母都认为，孩子学习成绩不好，是因为孩子自己蠢，不努力。我要澄清一点，成绩好不好的根源不在于孩子，而在于家长。

当父母每天都在否定孩子，"这里不对，那里不对"，就是在向孩子传递一种信息："你就是不行，你没出息，你不如别人。"孩子只有两种极端的可能性：一是唯命是从，怯懦内敛；二是破罐子破摔，出现反叛和暴力倾向。不管是哪种形式，都只是孩子在父母的攻击下启动的自我保护机制。

为什么你的孩子会自卑，会一天比一天消沉，甚至没心思学习，课堂上也不敢举手发言，有不懂的地方也不敢问老师？想知道这些问题的答案之前，先反思一下你如何对待孩子，如何教育孩子。

当父母转变方式，从否定批评孩子转变为认可鼓励孩子后，从前的自卑循环将被打破，你会发现孩子的精神面貌、学习劲头都在逐步提升。现在我们终于可以直面孩子成绩不好的问题。

每个孩子都有属于自己的花期

我常常说一句话：每个孩子都有自己的花期，耐心等待孩子的绽放。那些只能考几分的孩子，除了先天性的接受能力不足外，只有一个原因，他是真的对校园学习不感兴趣，起码对应试教育模式不感兴趣。

这个时候父母要多听、多学、多看，关心身边的大小事，留意国家政策，看到当下的就业形势和趋向，在日常生活中做个有心人，多留意埋藏在生活中的机会。举个例子，夏天购买了空调之后，常常等不到师傅上门安装。客服会跟你解释："请您耐心等待，师傅太忙了。"这意味着什么？技术人员缺口非常大，同样，技术人员的工资待遇也会相应提高。我国经济发展非常快速，人工费也水涨船高，从前建房子最贵的是材料钱，现在最贵的是人工费。邻居家的电冰箱坏了，师傅上门弄两下，邻居跟你抱怨修冰箱好赚钱，不过是10分钟，收费200元。如果你是个有心人，你就会发现，电器维修虽然看上去不那么高大上，却很赚钱。

又比如，你今天想去做个头发，但你常光顾的"Tony老师"竟然没有档期，排到一周后了，而且还要960元。除了感叹做头发贵以外，你应该敏锐地发现，原来技术好的"Tony老师"也是很赚钱的。众所周知，那些美发材料的成本非常低，我们支付的绝大费用都是人工费。

你可能还会发现快递小哥的收入也很高。不过，我不建议孩子进入这个行业，因为它没有技术门槛，可替代性比较高，工作两三年以后收入也不会有阶梯式的提高。

我们一定不能固化自己的思维，要辩证地去看待所谓的机会。在这本书中，我会为大家提供很多"弯道超车"的技巧，都是适应现在的社会情况和考试制度的，但看到这本书的朋友，你们依然要有自己的智慧和判断，去多听、多学、多看，才能找到真正的逆袭好路子。

为孩子找到合适的成长路径

关心国家的政策，享受国家红利期。从2019年开始，高校进行100万的高职扩招，只要有中专、高中学历，即使毕业多年也可以考全日制大专，而且还有弹性学制，可以边工作边上学。这些政策信息不会直接来到你的面前，这需要我们平时多关注官方媒体报道或者优质的教育自媒体，才能快人一步，抢占先机。

我们的大脑为什么会焦虑不安？因为它对未来不明确。当我们有条理地分析现状，接纳孩子成绩不好的现实，同时努力发掘新的道路，找准努力方向，勇敢应对挑战时，我们的焦虑感就会消失。

如果你每天只是打骂孩子，跟邻居、亲戚吐槽孩子，却对孩子的情绪和学习一点都不上心，那么你永远都不能改变当下的状态。

我有个发小，长得蛮秀气的一个男孩子，从小到大成绩都不好，但是他喜欢穿得酷酷的，审美品位很好。在当时看来，他是留长头发被老师批评的异类学生。到了初二的时候，他已经读不下去书了，父母软硬兼施，请家教也好，藤条鞭策他也好，就是没有丝毫进展。

2005年，他爸爸因为工作压力和孩子的升学问题，思虑过度得了抑郁症，需要每天吃药。他的妈妈有一次去烫头发，发现竟然要299元，而且在美发店工作的小伙子跟自己的儿子差不多大，就算是资深理发师也才二十七八岁。她跟理发师打探了一下情况，知道这边有专门的美发学院，专门做美发培训。

他妈妈灵机一动，觉得儿子学习成绩实在不好，也考不到好学校，却喜欢时尚，不如尝试做美发？妈妈跟儿子讲了这个建议后，我的发小一扫之前的阴霾，从前上课都在睡觉的他，到了美发学院每天积极学习，天天研究练习，拿了人生第一个第一名，终于找到了属于自己的天地。

他从美发学院毕业以后，到理发店工作了两年，存了一笔钱之后，自己创立了一个工作室，月赚3万元。要知道，当时同学们毕业后拿到2000元月薪就算非常高的了。

我的发小简直成了传奇人物，后来他还自费去日本进修，因为当时日系美发非常受欢迎。到了2016年，我去他的理发店理发，需要等十多个人才能排到我，其他人都慕名而来，甘心花几个小时排队。他还收了十多个学徒，那些学徒里甚至还有6个大专生、2个本科生。现在，他已经在当地开了5家连锁店，成了其他父母口中的"别人家的孩子"。

我们要做明智的父母，也要做行实事的父母。我们的孩子是一个立体的人，有其独特的长处，不能拿孩子的成绩跟学霸比，而学霸跑步也不会比体育特长生快。

我们的孩子努力不努力、成功不成功，并不能从单一的维度来评价。重要的是他在自己的领域里不断摸爬滚打，在实践中学会做人做事的态度，练就一身过硬的业务能力，建立自己的格局和态度，凭借不断的积累和沉淀实现质的飞跃。这样的孩子拥有的不是某一项能力，而是一种生存技能。

就算孩子读不了我们理想中的大学，但这所名叫"社会"的大学，会给他带来人生最宝贵的历练和机会，一步一个脚印地成为某个领域的专业人士，这才是真正的学者。学者从来都不是以学历高低来衡量的，看的是你身上的真善美的品德，是你过硬的业务能力和职业素养，是你历尽千帆仍初心不改的信念。一个人所具备的潜质和能力，需要不断地被浇灌才能生根发芽，父母应成为那个护苗使者。

家庭教育的误区一：
极端情绪化

  人是复杂的感情动物，作为父母，我们当然也如此。除了跟孩子相处，还有很多事情消耗着我们的精力和情绪，比如白天在公司被领导批评，或者被同事算计，回到家里自然就带着一股怒气，看孩子做什么都不顺眼。说白了，就是父母本身也拎不清自己的情绪和感受，以为是孩子玩了一地的玩具不收拾，于是生气，殊不知是他自己本来就生气，随便找了个借口冲孩子发脾气。

  有的妈妈听到别人的孩子考试第一后，被问自己的儿子考试几分，在那个当下，她感觉面子挂不住，因为自己的孩子没有什么可以吹嘘的。备受打击的妈妈回到家，一看到孩子连日常作业都还没做完，就大发雷霆，还美其名曰：妈妈是为了你更长进，你看看隔壁家的孩子，次次都考第一。

心理学上有个"踢猫效应"，讲的是情绪转嫁的链条。老板开着新买的车在去公司的路上超速驾驶，结果被警察抓住开了罚单。老板心里非常恼火，回到公司后无处撒气，于是把销售经理叫到办公室训了一顿。销售经理莫名其妙地被数落，心里很委屈，便气急败坏地对着秘书横挑鼻子竖挑眼。一肚子气的秘书就去找接线员的碴儿。接线员没找到可以撒气的人，又不敢得罪客户，下班回家后，只好把在沙发上跳来跳去的儿子骂了一顿。儿子恼火无比，冲着自家猫狠狠一脚，猫惨叫一声，从窗户跳了下去。

这就是一个典型的坏情绪传染的过程，在日常的生活中，情绪会沿着社会关系链条依次传递，而负面情绪通常是从高到低、由强到弱地传递。处于金字塔底部的最弱小者，往往就成为最终的受害者。

家是一天的起点，也是一天的终点，辛苦一天的父母带着所有的情绪和疲惫回到家，有多少父母能意识到应该控制自己的情绪，不要让眼前这个无辜的孩子成为自己的情绪垃圾桶？

心理学上认为，人的愤怒源于恐惧，也就是说你之所以发脾气，是因为你害怕。从远古人类的行为方式来看，遇到野兽，他要么战，要么逃，如果要与对方正面交锋，他必须让自己变得气势汹汹，用愤怒来吓退敌人，而这份愤怒的深层原因是害怕对方伤害自己。举个日常的例子，我们开车的时候，前面的车忽然急刹车，吓了你一大跳，你第一反应是生气，为什么呢？因为你害怕撞上他，发生意外。

回到父母情绪管理的问题上，所有孩子本质上是单纯而弱小的，他没有经济来源，不能独立生活，生活的很多方面都需要父母来安排和照顾。亲子之间存在着一种不平衡的关系，除了少数家庭极度宠溺孩子，造成权力结构扭曲以外，父母是掌握主动权的人，对孩子来说父母就是全世界，越年幼的孩子越会如此。试想一下，如果你的世界每天都打雷下雨、刮十级飓风，你会有安全感吗？你能好好读书写字吗？你可以快乐地成长吗？

在一些家庭中，踢猫效应经常发生，我们对弱于自己或等级低于自己的对象发泄不满情绪，从而产生连锁效应，负面情绪一环一环地往下传递，最终来到弱小无助的孩子身上。孩子能怎样？可能去欺负更弱小的对象，自己的弟弟妹妹，或者家里的宠物，或者班上的同学。

如果你的孩子有暴力倾向，或者经常对人发火、歇斯底里，各位家长需好好检视自己或孩子的照顾者的行为，孩子身上绝大多数的问题和坏习惯都不是天生的。

情绪是会传染的，你微笑，别人就会微笑，你焦躁不安，别人也会跟着烦躁。为了更好地教育孩子，父母也要审视自己身上的问题，借此成为更好的自己。

家庭教育的误区二：
封闭式养育孩子

在20世纪80、90年代甚至更早，邻里街坊的关系是很亲密的，附近的小朋友一起去踢球，一起去抓鱼摸虾，成群结队地去玩耍，每天回家可能都脏兮兮的，但我们非常开心。那个时候还没有听说哪个孩子需要上补习班、兴趣班，这些都是近二三十年的产物，那个年代并不存在。

现在大多数的孩子出生在城市，成长于城市，围绕着他的是钢筋水泥，邻居可能三个月都见不到面，见到了面也不见得会打招呼。我们大人有自己的社交圈子，希望静一静的时候可以去散散心。孩子却没有这么幸运了，他们不能单独外出，只能指望父母带他们出去玩。他们从小就成长于一个个封闭的空间——学校、家和兴趣班。

我认为，一个优秀的孩子往往需要在他的小社会中有所历练。务必让孩子和不同阶层的孩子玩耍，让他早点体验人生百态，这对孩子来说是一种锻炼。他只有见多才能识广，他需要从一次次的失败中成长，并建立抗挫折的能力。

我了解大多数父母为生活打拼已经筋疲力尽了，难得的休息日只想瘫在家里，但你也要知道，你的休息日也是孩子唯一的盼头。如果你带他去野炊，去山里体验大自然，对他来说，是人生中一种丰盈的体验，不同于去商城吃麦当劳那种短暂的欲望的满足。孩子在自然中五感接受不同的刺激，去看、去闻、去听、去观察，从而有了自己的理解和思考。

很多家长都拼命在朋友圈发一些岁月静好的照片，试图营造一种"我把孩子养育得很好"的假象。真正的教育是什么，是放下手机的陪伴，是和孩子共同体验和感受，发朋友圈只是一种自我安慰的行为。

我建议父母多带孩子参加聚会、旅游和户外体验活动，让孩子的生活不再三点一线来回往复，趁着孩子还小，给他慢慢建立丰富的人生体验。我们在生活中经常会发现两种类型的人，一种人对什么都提不起劲儿，用游戏和电视剧来度日。另一种人眼睛闪闪发亮，保持了孩童般的好奇心，对什么事情都充满好奇心，做人做事都能比前者更好。我们用开放的方式养出来的孩子，对世界能保持丰富的感知能力，成为一个有血有肉的真人，而不是行尸走肉。

家庭教育的误区三：
凡事只看结果

如果我们在看一部好电影，没有人会半途要求知道结局，因为大家都沉浸在精彩的剧情中，一个不停剧透的人是会被鄙视的。观影是一种美妙的体验，它让你去感受过程，甚至可以不计较结局，可以说结局也是过程的一部分。

对有些家长来说，养育孩子却截然不同。他们只要结果，他们希望孩子可以考第一，上清华北大，成为奥数冠军，比隔壁家小孩优秀，年薪百万……发现了吗，这些都是结果，而不是过程。

现在的家长除了焦虑以外，还异常浮躁，他们急于看见结果，不在乎过程。如果去逛琴行，你会发现一间间琴房里的小孩的表情要么生无可恋，要么冷漠无情，只是机械化地移动着手指。为了完成父母养育钢琴神童的目标，孩子们把时间花费在自己一点都不感兴趣的事情上。

你无法经由一个痛苦的过程，实现一个快乐的结果。有些孩子小学之前已经考到钢琴十级，但是自那以后他再也不想碰琴了，因为他从来就没有真正爱过这件事。考到十级这件事儿，对父母来说是目标，对他而言则是解脱。大多数父母往往急于当下就能得到正面反馈，他没有耐心去等待孩子慢慢成长，慢慢开花。很多父母一脸义正词严，认为自己为孩子花了钱，报了班，孩子就必然要做出成绩，而且最好比其他人要快、要好。

养育孩子好比玩俄罗斯方块，即使你想快点通关，也依然要等待一块块积木落下来。你有两种选择，要么焦躁不安地等待，要么风轻云淡地吹着口哨享受游戏本身。

人生何必太匆匆，我们都有一个共同的最后的结局，当下的每一天才是生活真正的意义。养孩子不是打游戏，不能开挂，只能慢慢经营，享受过程本身是一种最明智的决定。

练习瑜伽就是同样的道理，一些高难度的体式，是不可能速成的，当身体的柔韧性、力量和平衡力都达到最好的状态时，一些高难度体式自然能做到，成长就是在一点一滴的过程中逐步实现的。

我们培养孩子，就好比点亮蜡烛，孩子是那个亲自点亮蜡烛的人，在这个过程中家长不能大吼大叫，不然孩子刚刚点亮的蜡烛，就被你吹灭了。我们要沉下心来，耐住性子，看着孩子亲手点亮自己的蜡烛。如果外面有风，我们还要为孩子挡住，让孩子可以安心点好自己的蜡烛。父母的作用在于屏蔽外界的干扰和阻力，让孩子可以安心地专注于自己的修炼，千万不能掺和一脚，成为那个捣乱的人。孩子的人生路要自己一步步走。

在武汉体育学院上大四那年，我在外面租房备考研究生。我爸妈偏要过来陪我复习，在我旁边租了个小房子，我妈妈天天对我讲亲戚的孩子如何如何，谁谁谁如何看待我们。我本来心无旁骛复习得好好的，我爸妈来了反而成了干扰项，我还得天天照顾他们的情绪。不到三天，我就让他们回家去了。我一个人专心备考，一鼓作气考上了研究生。

我父母的本意可能是好的，但是他们也常常无法控制自己的情绪，不知道自己的行为干扰了我的复习。为孩子的成长提供安全且轻松的空间，这才是作为父母最应该做到的。

可怜天下父母心，每个人都以自己认为对的方式在爱孩子。究竟哪些方式可以让孩子更好地成长？我认为父母首先要照顾好自己的情绪，让孩子拥有一个健康的家庭氛围；其次学会开放式地养育孩子，让孩子尽可能发现世界的丰富性和可能性；最后谨记一点，养育孩子的关键在于过程，但行好事，莫问前程，过好当下就是不二法门。

3

行动力是孩子未来的核心竞争力

一纸文凭无法定义一个人，学习也并非只为了考试。对孩子而言，更好的学习途径不在课堂上，而在生活中。

培养自己的行动力、专注力，以及全面的社会适应力，才是真正意义上的终身学习。

终身学习，
孩子才能适应未来社会

现在很多家长都觉得，孩子只要好好读书考上大学就不用担心了，但事实上并非如此。学历不等于能力，现在的能力不代表未来的竞争力。知识迭代和职业迭代的速度很快，当下最火的职业，20年前甚至还不存在。

我国2021年修订的《职业分类大典》前后发布了4批共56个新职业，其中包括互联网行业技术岗位，大健康产业的理疗师、营养师、养老陪护员，宅经济相关产业的外卖，远程办公，线上课程，以及近几年如火如荼的电商行业、自媒体行业。

其中热门的十个职业，我们可以参考看看，它们分别是工业互联网工程技术人员、虚拟现实工程技术人员、全媒体运营师、互联网营销师、健康护照师、社群健康助理员、碳排放管理员、家庭教育指导师、供应链管理师和整理收纳师。

随着互联网、AI和机器人的发展，未来几年将会有大批的传统岗位不再存在。时势造英雄，我们需要顺势而生，跟上时代的洪流，才不至于成为被淘汰的人。

我这本书会传授大家很多"弯道超车"的技巧和方法，直接的目标是让孩子能上全日制大学，甚至持续进修到硕士、博士，让每个普通家庭的孩子也能赢得这个社会的入场券，但这本书的目标也不是仅此而已。

我作为一个曾经的"差生"，一个普通家庭出来的孩子，我太明白身处其中的孩子和家长有多么煎熬、难受和迷惘。我真正想分享给大家的是，在没有人寄予厚望的时候，在一无所有的时候，我们的孩子如何走出一条道路，活出有意义的人生。我们为什么要终身学习呢？这是我们始终保持竞争力，免受焦虑，绝处逢生的唯一办法。

人生的路途是漫长的，假如一个人可以活到80岁，校园学习的十几二十年，只是占据了人生的20%左右，那么剩余的80%人生呢？人是不进则退的，在接下来的人生中必须自我学习、自我教育。

我们也可以来做个假设，正在阅读这本书的家长硕士或博士毕业后当了高管，或者是自己创业。假如有一天公司改制，或者政策改变，你现在所处的行业不吃香了，你从一个领导者变为一个普通职员，忽略你拿到的一纸文凭，你目前的技术、目前的能力，是否能让你东山再起？

假如我们能早早地想到这个问题，我们就能明白，我们必须在自己的专业领域里不断学习，因为知识会迭代，人也需要不断更新自己的知识库，才能跟得上时代的步伐。

无论你基础条件如何，请保持终身学习的状态

有一些人，当年没有考上大学，甚至可能初中还没读完，但通过自身的努力，现在也是小有所成的老板，或者在管理一家企业，在事业成就上可能已经超越了从前的学霸同学。

你知道他们能够创造这种"商业奇迹"的原因吗？因为他们知道自己没有上过大学，和很多人相比有很大不足，但他们能认清自己的不足，然后保持谦卑；他们自始至终保持了自己的"饥饿感"，一直如饥似渴地学习，跟不同的人学习，请一些专业的人来让一个企业变得更强，他们是真正保持了终身学习态度的人。

当你阅读到这里，可能已经开始反思自己了，是不是在日复一日的岗位上得过且过，或者满足于目前的安逸和太平。你是否也常常觉得缺少安全感？如果是的话，请开始去学习。

试问一个人的安全感来自哪里？来自存款、爱人、优秀的孩子？一份好的工作？不，所有的从外界获得的安全感都不是

我们拥有的东西,你真正的安全感来自自己的业务能力,让你可以随时从零开始也毫无畏惧的能力。

父母需要用自身的行动给孩子做正面示范,从小给他们灌输一个思想:学历的提升从来都不是为了一纸文凭,我们需要正儿八经地把文化理论知识学懂、学透,这些知识和能力是你未来走向社会的底气和资本。

就像做抖音博主这件事一样,为什么很多人想方设法都做不起来?因为大多数人每天就盯着数据去做内容,他们把观众看成一个没有灵魂的空壳,认为把问题通过"1、2、3"三个步骤解决了,就能获得流量和粉丝。但我不这么认为,从我在抖音上发视频的第一天开始,我就明白自己的初心,我要去帮助那些跟我曾经一样的孩子,让天下父母少点焦虑,多点希望。

我分享的每一个视频,可能语言说不上多优美,但每一句都是我的肺腑之言。像赖声川导演的《冬之旅》里面说的那样,"没有任何道路通向真诚,真诚本身就是道路"。

我获得了400多万家长和学生关注,这些粉丝都来自哪里?来自我不变的初心,以及我打不死的小强精神。我也经历过初期无人问津的日子,但我坚持锻炼,坚持自律,自己去分析、去研究如何把内容做好,如何给大家最需要、最有帮助的干货内容。到了某一个时刻,所有一切的量变带来了质变,于是有了今天你在阅读的这本书。

于我而言,哪怕我的内容只能改变一个孩子的人生,让他有机会充盈丰富地过一生，那么我坚持这件事就有了意义。

  我分享了那么多内容，想表达什么呢？我希望不管是家长还是孩子，都能认识到学习真正的意义，它不仅仅是为了考试，也不仅仅是为了文凭，它是一个人安身立命之本。在一个行业里持续深耕，不忘初心才能成就自己的人生。我们不是为了学习而学习，我们是为了改变自己，为了改变这个世界而学习。

如何培养孩子终身学习的能力

具体来说，父母如何培养孩子终身学习的能力呢？我们可以从以下两个方面来努力：

首先，学会休息，不要在疲惫的状态里学习。

我们看到很多在课桌前抬不起头来的孩子，他们因为成绩不好，每天都被困在书桌前，一直死磕那些枯燥乏味的知识点，又不断在学不好中备受打击，继而花更多的时间在恶补上。

一个人在疲惫的情况下思考，对于脑细胞有巨大的伤害性。在长期高强度用脑的情况下，脑细胞代谢会产生自由基和乳酸等物质，造成血氧含量降低，进入脑疲劳状态。虽然我们的大脑做事需要全脑协调工作，但是做不同的事，需要启动的大脑区域不一样，比如说读书和踢球，激活的是不同的大脑神经区域。读书时间久了，该区域的代谢物质腺苷浓度就会上升，大脑感觉到疲惫，说明你需要停下来休息。

休息最好的方式不是发呆，或者刷手机、看电视，而是去激活其他区域，比如你可以踢球、打羽毛球、散步，甚至做一顿饭。原理上来说，你启动了不同的脑部区域，让本来疲惫的那一部分得到休息，而且不耽误时间。当孩子休息时，他也在持续精进自己其他方面的能力。

其次，把学习变成一种探索活动。

知识本身是有趣的，如果你觉得学习乏味，是你学习的方式和心态出了问题。做同一份工作，有些人甘之如饴，有些人味同嚼蜡，因为他们做事的方式和心态都不一样。

现在我们能获得的学习资源很丰富，学数学不仅仅是背公式定理和刷题，还可以看看伟大数学家的人物传记，做一些趣味数学的实验，尝试用数学解决生活中的问题。有了新的体验，相信孩子会有一种不同的方式去面对学习。

最后，意识到我们所学的不是一个项目，而是一种能力。

这个问题回归到一个关键点上：终身学习。孩子小的时候，学围棋，学舞蹈，学书法，学轮滑……如何去选择，学多久，学的目的是什么？这一点，是作为家长要认真思考和了解的。从本质上来说，学什么都是有帮助的，但人的精力有限，不管是小时候学兴趣班，还是就业后的自我教育，学什么呢？

这里就涉及大多数人对于学习的一个误解：学一个项目就学项目本身。其实除开部分以此为职业发展的人来说，学一个项目学的是这个项目背后的能力。

举个简单的例子，学习围棋。对于天赋型选手来说，他以后想成为职业选手，学习围棋的意义不言自明。对于普通孩子来说，他学围棋也是有好处的，学的是一种能力、一种战略思维，通过学习围棋，了解如何布局，如何排兵布阵，如何应对进攻和防御。

轮滑也是一样，轮滑锻炼了孩子的协调性，培养孩子跌倒再站起来的勇气，一旦孩子具备了这些素养，这项学习就已经实现了它的预期，孩子可以去重点发展自己的主线特长。

主线特长是什么？每个孩子都有不同的性格和天赋，有内向的，有外向的，有善于运动的，有善于学习的，也有善于表达的。主线特长就是孩子的发展路径，父母需要认真观察和发掘孩子的优势，根据孩子的喜好和天赋来选择一条路径。

当然，这条路径不是恒定的，在未来成长过程中，发现孩子其他的天赋也可以改道，但我们需要一个主轴，看看孩子是更适合体育路线、艺术路线，还是学术路线等，这样才能围绕这条轴线，提前布局孩子的学习计划，展开孩子终身学习之旅。

具体如何布局，需要结合父母的情况、所处城市的经济情况、家庭可支配的资源，以及孩子本身的特长与爱好。比如说，孩子天生好动，喜欢户外活动，那么除了一些基础能力的培养，孩子的学习重点可以围绕体育项目展开，至于选什么项目可以结合孩子先天的优势，比如身高、体格，以及孩子的喜好和擅长程度决定。

　　随着孩子主线项目的熟练，慢慢增加辅助型项目。比如弹钢琴的女孩，辅助型项目是声乐和舞蹈。又比如画画的男生，辅助项目是羽毛球，一动一静让孩子全面发展。

　　一句话，终身学习是对一个人全面能力的培养，德智体美劳全面开花。在不同的年龄阶段，我们学习不同的项目，慢慢培养自己各方面的能力。当你拥有能力后，无论面对哪种逆境，你都可以东山再起，这个才是最重要的。

　　成功人士身上一般都有很优秀的特质，不管他开公司，还是去发传单，他就算是去摆地摊，都能比其他人更容易成功，因为他有坚韧不拔的意志力，他有全面综合的能力，他有人格魅力和影响力，而这些能力来自他的终身学习。

想让孩子不拖延，
　其实很简单

　　在直播间里，经常有家长问我，孩子做事拖拖拉拉，默写单词要磨蹭一两个小时，每天作业到晚上11点都写不完，一让他去练琴就要喝水、上厕所，我们该怎么办呢？

　　在我们责怪孩子拖延之前，我们先思考一下，孩子为什么会拖延？

　　如果你仔细回忆，你会发现，拖延并不是孩子天生就有的行为。四五岁的孩子每天都兴高采烈地玩，搭积木、玩泥沙、撕纸巾，他们几乎一刻都不想停下来，哪里会存在拖延症呢？孩子是最懂得活在当下的人，你会发现大多数的孩子到了晚上也舍不得睡觉，对他们来说现在的玩耍，比爸妈许诺的"明天带你去公园"更货真价实。

那是从什么时候开始，孩子变得拖延呢？我认为有两个因素：其一，孩子做的事情不是他想做的，比如他真心不想写作业，真心不想练琴，拖延是一种战术；其二，父母身上的陋习影响了孩子，你会发现拖延的孩子通常都有一个拖延的家长。

扪心自问，那些整天抱怨孩子的家长，你们能不能五点半起床洗漱，6点出门晨跑？如果你每天舒舒服服地在家里睡大觉，怎么能指望你的孩子"基因"突变，有超强的执行力，雷厉风行？父母自身的行为影响了家庭的大环境。如果你发现一个孩子特别胖，并且是那种不健康的胖，那他的家长或照顾者中往往也有肥胖人士。不管是饮食习惯，还是行为，都会通过家庭的大环境影响到孩子的身上。

且不说孩子，就连我们大人也常常拖延。要彻底改变孩子的拖延症，首先父母要做到不拖延。下面我们结合认知心理学一起看看如何克服拖延症这座阻碍我们行动的大山！

认知心理学把拖延症分为四种类型：第一个是期限拖延，也就是我们常常说的期限性拖延，不到截稿期前三天都不写论文，把整个暑假作业留到最后一天来写。第二个是个人事务拖延，比如每年大家都立目标，今年要5点起床，今年要读100本书，今年要瘦10斤，结果随着一次次"从明天开始"而搁置，转眼又到下一年。第三个是简单拖延，明明买个插座、拿个快递、换个灯泡这样的事情，都要拖到不能再拖才完成。第四个是复杂拖延，面对比较繁重困难的工作，有畏难情绪，担心自己做得不完美，久久不敢开始，从而耽误了这件事，或者直接放弃掉。

如何解决拖延症？我给大家几个简单的行动建议。

第一，寻找一个强大的内在驱动力。

拖延一件事情，可能是因为它不迫切，或者复杂，或者看不到即时的反馈和改变。像阅读、运动、学一门语言都是需要长期投入精力，但对于一个人的生活有深远影响的行为。

动力源自哪里？你要看到后果和效果！打个比方，你体检之后有三高，医生说你必须坚持每天运动30分钟，不然会影响健康。这个时候，你会有无比强大的动力，基本上都能完成。同时你可以利用一些辅助的表格和清单，比如每天完成运动后在表格上打个钩，你的成就感和自信心也慢慢增强了。

第二，降低行动的阻力。

有一本书叫作《微习惯》，它是专为拖延人群而设计的，这本书的主旨在于把大任务拆解到你不可能失败的小任务。比如说，你要运动30分钟，那么你第一天的目标是每天做一个俯卧撑，当你真的做了一个俯卧撑之后，你就忍不住做第二个，因为你已经打破了当下的惯性，进入运动模式。其他类型的任务同理，如果你想写1000字的读书笔记，你最好设定每本书读完写三句读书感悟。三句话很简单，但足以培养和开启一个好习惯，从一个拖延的人变成一个行动派。

第三，寻找好的影响者，制作自律的大环境。

近朱者赤，近墨者黑。家长可以影响孩子，家长也可以被朋友影响，或者家长之间互相影响。我们要在家里形成一个自律的大环境。如果想让孩子阅读，就把电视关掉，谁也不能看，手机放进收纳筐，大家一起阅读，全家人共同进步。

第四，保持孩子的"饥饿感"。

这种"饥饿感"包括两个方面：第一个方面是指不要吃得太饱，古语有云，想要小儿安，三分饥与寒；第二个方面指父母不能给得太多，经济条件变好后，很多人都在富养孩子，明明自己也是普通的工薪族，却给孩子买最新的苹果手机，买AJ运动鞋。有一些富人家庭更甚。我们当然不否认家长对孩子的爱，但这并不意味着要无条件满足孩子的各种物质欲，孩子从小拥有的物质一旦过多,他就丧失了奋斗的动力——他什么都有了,为什么还要努力?

　　让你的孩子保持一定的饥饿感,每顿吃到七分饱,多喝水,多运动,适当降低对食欲和物欲刺激的追求,既能够提高孩子的身体状态,也能提高孩子的行动力。

培养孩子的专注力

　　注意力经济时代，各种媒体和平台都在抢夺人们的注意力。注意力就是点击率，就是流量，流量带来无限的边际效益。

　　同样，互联网、社交媒体和各种游戏，正在不断地分散我们的注意力，碎片式猎奇的信息能够给人的大脑带来一种新鲜的刺激。不管是大人还是小孩，我们的专注力正在这样的大环境中逐步下降。

　　专注力是什么？专注力本质上是一种高级认知过程，它既被来自父母的先天因素影响，也被孩子后天做事的习惯影响。专注力，其实也就是孩子的注意力，代表他能否专注在一件事情上。随着孩子的年龄增长，我们会发现孩子与孩子之间的专注力天差地别，有的孩子可以连续画画3个小时，中途不走神。有的孩子背3分钟的唐诗，已经开始偷偷摸摸地打开他的奥特曼闪卡册。

如果撇开大量的心理学原理分析，缺乏专注力，大概有三个方面的原因。

第一，孩子专注能力被外界影响，无法集中精神。

像尊重一个成年人一样，尊重你的孩子。孩子天生是专注的，不管是看动画片还是玩沙子，他能一下子沉浸在自己的世界里。孩子不专注，是因为家里有人不断打扰他。明明孩子在认真玩耍，你叫他吃一口这个喝一口那个，甚至一边玩一边给他喂饭。人的大脑是单线程的，如果同时做两件事，注意力就会被来回切换，即使是边写字边听纯音乐这样看似无关痛痒的事情，都会占据你一点脑力资源。

还有的家长，随时随地向孩子提问，或者提出要求，不断催促他去做各种事情，打乱了孩子自身原有的节奏，不断地被催促反倒造成一种做什么事情都来不及的焦虑感。

孩子跟我们不同，他们有自己的节奏，而且他们本来就有这样的时间来慢悠悠地做这些事情，只是大多数时候，大人都无法接受他们的状态。有时候，只是去公园玩，也不赶时间，孩子本来可以花5分钟好好地系鞋带，或者仔细地从一堆玩具里找到自己最喜欢的那辆小车，但爸妈看不惯，觉得孩子磨蹭，干脆把鞋带抢过来给孩子系上，或者随便给孩子拿个玩具出门。

现在，你很难看见大人慢悠悠地在街上散步，除了上了年纪的老人家。中青年一般都是在疾走，他们好像不知道放下脚步，去关注路上的各种细节。孩子能看见绿化带上爬行的蜗牛，能看见公园里搬食物的蚂蚁，但大人只顾不断赶路，同时催促孩子赶路，忘记了他们本来只是来公园散步的。

另外，专注的父母养出专注的小孩。当你可以放下手机，拿一本书看一两个小时，每天如此，雷打不动时，即使你不主动叫你的孩子看书，他也会默默地拿本书坐在你旁边阅读，这就是父母对孩子的影响力。

当家长可以保持专注，让孩子感觉到专注做事的美好，而且不随意打断孩子时，孩子就能持续专注。

第二，孩子不想做，因此没有持续做事的动力。

每个孩子都有自己的兴趣点，比如说我小时候英语学不好，爸妈给我请了一对一的辅导老师，我还是学不进去。但我对日语很感兴趣，因为小时候爱看日本动画片，我自学日语的时候可以一天学8个小时，也丝毫不觉得有压力。在这种时候，专注力就取决于孩子的个人兴趣。

不想做的事情，我们可以分为两种，一种是不想做也可以不做的，比如孩子明明不喜欢跑步，你可以换个运动方式，让他去游泳，或者打羽毛球、踢足球，甚至是跳绳。部分家长总是觉得自己的权威被挑战，就漠视孩子的意愿，一定让他跑3千米，这样只会弄巧成拙，磨灭孩子对运动的热情。

另一种是孩子不想做也得做的事情，比如做作业、做家务、复习功课等。这些事情听上去不好玩，很多孩子都无法找到其中的乐趣，带着不得不做的情绪，自然会做不好。完不成是因为他们不想完成。那如何是好呢？

这类型无法"议价"的事，不能留商量的余地，雷打不动地安排固定的时间，把做这件事变成一种习惯以后，就不会再觉得无法坚持，就好比孩子不喜欢刷牙，但随着一天一天的习惯，不管心情好不好、困不困，起床后还是会去刷牙洗脸，这就是习惯的力量。

第三，孩子无法达到预期目标。

孩子做一件事的体验感不好，达不到预期的效果，所以会抗拒。家长可以帮孩子把复杂的事情简化，一步步分解，降低持续做事的难度，且不为做事的效果设定预期。比如练琴，不以熟练演奏某曲子10次作为今天的目标，而是以练习曲子30分钟作为目标，并且将30分钟的练习简化，比如5分钟的音阶练习，10分钟的旧曲子巩固，15分钟的新曲子练习。

当孩子可以明确自己能够做到某件事，而且看上去并不是那么艰难痛苦，他就有可能坚持下去。好比徒步100千米，还没出发就已经腿软了，但每次跟你说"再走1000米"，总能坚持走到终点。

另外，做事的难度和目标要设置好，比如孩子只能集中精神10分钟，那么30分钟对他来说依然很漫长，能不能第一天10分钟，第二天15分钟，第三天20分钟，循序渐进？降低完成目标的阻力，孩子就能从专注做事本身获取成就感和较高的自我评价。

最后，我来总结一下，培养孩子的专注力最终还是回到了教育的原点上。

父母首先要做好自己，成为孩子的正面榜样，不给孩子添乱，别动不动就打断正在专注做事的孩子。其次，对于孩子热情度不高的事情，要么更换感兴趣的项目，要么让他形成一种自动化的习惯，铁下心来做好它。要知道有些事情是困难且有益的，需要长期坚持。最后，学会为孩子分解任务，让复杂的事情简单化，降低目标预期，把过程和持续积累作为量化维度，给予孩子正面的反馈，让他在专注做事时获取积极的反馈和肯定。

孩子对手机上瘾怎么办

人类从来没有如此依赖过一个工具，手机对于某些人而言就是"人体外的器官"，寸步不能离身。玩手机上瘾，是现在男女老少都存在的问题。我们要透过现象找本质，孩子们上的是什么瘾？

青少年学业繁重，为什么还要沉迷游戏？因为他从小就开始玩游戏，早就上瘾了；或者他被其他朋友带着一起玩；又或者他在现实生活中过得不好，可能是缺乏关注，缺乏肯定，缺乏朋友，所以才会一股脑地到虚拟世界里去寻找自我。他们常常会接触到其他的网瘾少年，结成一个不好的圈子，互相攀比，越发地沉迷游戏，大量地砸钱砸精力，浪费时间。

孩子远离游戏之前，先要远离坏孩子。另外，父母要给孩子从小灌输正确的金钱观和价值观，玩游戏可以，但必须健康有度。

其实，在年幼时期，孩子玩手机更多的是一种模仿、一种好奇，或者只是源于无聊，没有其他的东西可玩，只能将注意力放在手机上。这种情况如何应对呢？这就需要父母为孩子规划时间，制定规则，决定孩子如何玩、玩什么、玩多久，孩子才不至于迷失在网络世界中。具体如何避免孩子对手机上瘾，父母可以从以下四个方面入手：

首先，认识到一个问题：孩子为什么玩手机呢？

孩子又没有钱，是谁让孩子得到了设备？那肯定是孩子的家长给的。如果家长不答应，孩子会哭闹，一些家长为了省事，就直接扔给孩子一部手机。说白了，家长自己图省事，才导致了孩子渐渐地沉迷于手机。时间长了以后，孩子就会形成一种不正常的模式，为了拿到手机，跟父母哭闹。如果孩子连手机游戏都不知道是什么，怎么可能沉迷呢？

手机上瘾的问题，不是孩子的专属。地铁里大部分人都是低头族，一刻都离不开手机。试问父母每天如痴如醉地玩手机，你的孩子能不玩吗？能不眼馋吗？跟这样的家长一起生活，孩子能持续保持自控力吗？孩子为了控制自己不玩，会消耗大量的自控力，处于痛苦的状态。我们要有跟孩子"同甘共苦"的态度。

假如你的孩子手机瘾很严重，我建议家长备两个手机出来。其中一个手机永远不能让孩子看见，就是你的智能手机。你拿出来的应该是那种古老的手机，没有游戏，没有大量爆炸的信息，也就是老年机。你想让孩子拥有自控力，你先得成为有自控力的大人，如果暂时做不到，你至少应该在孩子面前扮演一个有自控力的大人，回避在孩子面前玩手机。

其次，"万恶"的手机只是替罪羊。

手机并不是原罪，手机是可以玩的，但玩什么很关键。其实，我们可以理解得更宽泛一些，手机、电视、笔记本电脑、iPad等各种电子产品，其实都是一种媒介，工具本身是没有对错的，它极大地便利了人们的生活。你可以在互联网上学习任何东西，比如我之前在视频里分享的跳绳技巧，比如孩子做奥数题的思路和方法，比如深入解读唐诗宋词。

无规矩不成方圆，父母如果把手机当作安抚奶嘴，孩子一闹就塞给他，也不管他玩的是什么，看的是什么，那么他迟早会对手机上瘾的。

举个最简单的例子，看动画片也是有区别的。看《龙猫》，听到的是久石让的大师级配乐，看到的是宫崎骏笔下丰富多彩的童真世界，感受到的是热爱自然、温柔待人的教育理念。如果你看的是那些粗制滥造的动画片，甚至夹杂了暴力，那么，对孩子起的就是负面影响。

就算是手机游戏里也有很多优秀的有教育意义的游戏，比如"纪念碑谷"可以锻炼孩子的空间思维能力，比如"我的世界"可以锻炼孩子的构建能力。孩子本身对这些都是没有概念的，所以父母依然是孩子的把关者和引路人，给孩子选择好的有滋养作用的游戏、动画，让电子屏幕成为一个好老师。

再次，再爱孩子，也要设立规矩。

手机和iPad对视力的影响很大，现在很多孩子从幼儿园就开始近视。一次玩多少时间、休息多久、一个星期玩几次……这是需要家长提前和孩子约定好的，一方面是保护孩子的视力，一方面是让孩子自己心中有数，不能无止境地索要手机。

之前有一位网友找我求助。他近50岁老来得子，全家人都很宠这个小孩，要什么给什么。当时还处于大家用诺基亚手机的时代，孩子要那种高级的游戏机，他便毫不犹豫地掏了一个月的工资买了。几年之后，孩子不仅成绩一落千丈，还越来越叛逆，竟开始打自己的爸爸妈妈。

因为溺爱孩子，这对夫妻没有为孩子设置规则。2001年一台电脑要1万元，孩子哭着要买电脑打游戏，爸妈拿出几年的积蓄给孩子买了一台，结果孩子成了网瘾少年。

因此，家长要多反省自己。不能孩子要什么就给什么。对待孩子，我们要有一颗平常心。我们都是沧海一粟，都是小草，不要看高孩子，也不要看低孩子，不然孩子的路越走越窄。你的孩子也是一个普通人，他有普通人的缺点，要面对普通人的困难。

最后，家长要学会让孩子积极地玩手机。

虽然玩手机让很多家长闻风丧胆，但是既然孩子喜欢，家长可以提前筛选孩子玩什么，规划玩多久。手机可以成为一种奖赏，孩子用别的事情来置换手机权益。比如跳绳100个，玩手机10分钟；比如写日记一周，可以换取相应的"手机时间"。家长也可以参与进去，将其当成一种娱乐的方式。

我们不需要仇视电脑、手机、游戏，让它去创造价值，为孩子开发大脑，这才是积极的玩手机的方式。

我们也不能过度抑制孩子的欲望，不管是消费欲，还是食欲、手机欲。很多人爱囤货，家里一堆东西没用完，还在继续买，实质上是在弥补童年物质的匮乏感。跟消费习惯类似，父母不要过度抑制和过度满足孩子的愿望，才能让孩子度过一个平稳的童年，长成一个健康快乐的人。

多米诺骨牌效应：
运动是第一步

我们一直说要传播正能量，但很多人的问题是，自己并没有能量。那如何找到一个人精神饱满的状态？如何找到一个人的精气神？保持运动，是关键的第一步。

毫不夸张地说，体育是我人生的原动力。小时候，我学习成绩不好，被老师冷嘲热讽，被同学挤对，我并没有自暴自弃，因为我把所有的情绪都挥洒在足球场上，即使当时年幼的我并不知道，运动会改变我的状态和未来。

上高中以后，我的成绩也不过尔尔，但我参加了学校的田径队，作为体育特长生，考上了武汉体育学院，运动再一次拯救了我的人生。

多年以后的今天，我是一名大学的体育老师，也通过视频平台分享很多关于升学的干货。我没有团队，没有写手，没有摄影师，一个人做所有的事情，我常常忙到凌晨一两点，但我每天依然精神饱满。很多人问我："吉田老师，你每天做这么多事情，怎么能一直保持这么好的状态？有没有什么秘诀？"我想了想，可能是因为我坚持夜跑14年，每周4次，每次7千米，跑步支撑着我的整个生命状态。

我们要像对待神庙一样，供奉自己的身体。当你爱惜自己的身体，规律地进行运动，吃健康新鲜的食物，有充足的睡眠后，你会发现自己的大脑变得活跃而灵敏，学习能力和记忆力也会提高，从根本上来说，一个人的整个身体状态都会变好。

对孩子而言，跑步也好处多多。当然，大家也可以选择一项自己热爱的运动，比如羽毛球、游泳、乒乓球、足球、篮球，并不是唯有跑步高。

第一，运动能改变人的大脑。

神经科学的研究显示，运动对大脑有立即的效应。每运动一次，大脑中神经递质的量就会增加，如多巴胺、血清素、肾上腺素，这些神经递质会让你心情变好，有成就感，改善焦虑和抑郁。而且它们不需要长期积累，每运动一次，就能有所增加。

如果你能长期运动，改变的不仅是你的心肺功能，还有你的大脑状态，海马体里的脑细胞容积会增加，从而改善你的长期记忆。同时，长期的运动能改善你的前额叶皮质，这个部分可以理解为你的理性脑部分，它掌控人的理性判断和注意力问题，你会因此拥有更好的专注能力。

家长们常常抱怨孩子注意力不集中，有时候这不是孩子个人的问题，而是身体和大脑状态决定了他注意力不集中，就好比你抱怨一个弱不禁风的70斤孩子背不起200斤的胖子，这是不合理要求。

我们要知道，人的大脑是需要锻炼的，运动就是锻炼大脑的有效方式。随着年龄的增长，海马体和前额叶皮质可能会退化，长期的运动可以像锻炼肌肉一样锻炼大脑，减小患阿尔茨海默病的概率。

第二，培养孩子的自信与自律。

一个长期运动的人不管是姿态、身材、精神面貌，都优于不运动的人。他们有更强壮的身体，走路生风，自信满满。

这份自信来自运动，他知道自己能一次次克服困难。锻炼的时候，会感受到身体的临界点，如果你可以在你觉得撑不下去的时候，再坚持5分钟，那么你的体力、意志力和自信都会不断进步。在一次次的挑战中，你不断获得的正面反馈，让你知道自己不管是坚持运动，还是坚持学习，抑或坚持去做一些稍微困难的事情，你都有足够的能量和勇气。

自律是一种习惯，运动是维系这个习惯的方法之一。如果你想拥有不一样的人生，你就要去做不一样的挑战，当其他人瘫在沙发上打游戏的时候，你穿上跑步鞋出门夜跑5千米。相信我，人生的改变就是从这些微小、稍有困难但又力所能及的改变开始的。

第三，让孩子拥有更好的发展、晋升、逆袭的途径。

运动对于孩子身体健康和升学的帮助，我在这本书的其他章节会进行详细的展开说明，在这里就不赘述。我想要补充的一点是：

运动本来是没有标签的，但你可以把它视为"功利性"的升学渠道，它确实能改变很多孩子的人生路径。你也可以将它视为锻炼大脑、提升勇气的方式，它会改变人生的整个状态。你也可以纯粹只是爱跑步，爱运动，享受运动这件事本身。不管你的初衷如何，只要你迈开腿前行，你的每一步都是有意义的。

你可以选择你喜欢的其他运动项目，跑步之所以受很多人青睐，是因为它可以随时随地开始，穿上一双跑步鞋即可，没有太多的场地限制，几乎没有门槛，也不需要有人配合，注意做好运动前后的拉伸，你就是你自己最佳的修行伙伴。

　　对我来说，跑步并不是为了攀比，而是为了丰厚自己生命的土壤。运动可以滋养人的生命，它是多米诺骨牌效应的第一环。如果你带着孩子一起用跑步开始人生的正循环，你会感受到身心变得轻盈，坏情绪一扫而空，又可以心平气和地去面对各种问题，而且跟孩子建立了更亲密的关系。

性格内向还是外向，不能强求

很多家长都问过我同一个问题：孩子太内向怎么办？

即使家长用尽办法，给孩子创造一系列的社交场合和机会，比如夏令营、野炊、舞蹈班、演讲班、篮球班，参加各种各样的团体活动，都无法改变孩子的状态，内向的孩子依旧习惯沉默寡言，不喜欢跟很多孩子一起玩，不喜欢外出，在众人面前说话会紧张，几乎不主动说话。

在家长们看来，自己孩子的内向表现，在开朗活泼的孩子堆中显得格格不入。不管是原始人集体行动击退猛兽，还是工业社会上的团队合作，外向型人都能获得更多的喜爱和赞誉。

在我们的社会中，善于交际，跟谁都能谈笑风生被视为一种能力，在大多数人眼中内向型人就是缺失这种能力的人。父母对孩子内向的焦虑在于，他们认为内向是一个缺点，但科学和心理学研究表示，内向、外向是天生的，是由基因决定的。

每个人都在寻找良好的自我感觉，内向者和外向者的幸福感唤醒水平不一样。我们要理解的是，内向并不是缺陷、弱点或能力的短板。相反，内向是一种优势。内向者的大脑更活跃，情感更丰富，想问题更全面，遇事更冷静，同理心也更强，受刺激阈值低，可以在安静的环境中获得满足感。

内向是一种优势

《安静：内向性格的竞争力》的作者苏珊·凯恩表示，最有创造力的人，往往是极为内向的。因为独处是创造力的关键。发明第一台苹果电脑的斯蒂夫·沃兹尼亚克说过，如果他不是从小太内向老待在家，他永远不会成为那个领域的头号专家。

在领导力方面，内向者更有优势。一项研究发现，相对于外向领导者，内向领导者总是能够创造更大的效益。甘地也将自己描述成内向的人。

当一个内向的孩子被不正确地对待，就会产生自卑、愧疚，觉得自己不够好。但性格是无法改变的，这就造成了他这一生都在不断地与自己较劲，却始终没办法成功。

苏珊·凯恩在书中写道："如果一个内向的孩子在成长过程中，因为自己的性格问题，使父母经常向别人表达歉意，或被父母有意或无意地纠正，那么他就会对自己的性格自卑，不仅不会去寻找自己这种性格的优势，反而还会因为让父母失望，于是痛恨自己为何是这样的人。这种自卑会给他内心造成很多冲突，这些冲突会引发心理障碍，比如会引起社交恐惧症、焦虑症等。"

我们会发现性格内向的孩子，脑回路比较长，会认真地听取自己的思想和情感。外向的孩子获取刺激后，信息就直接经过大脑加工处理，会做出更多"想当然"的决定。内向型人显得更加谨慎和考虑周详，他们接收信息后会进行长时记忆和计划，最后才被加工和处理。

你会发现，表面上看来，内向型人的反应弧更长，他可能做不出即时反应，但他们思考更深、考虑更周详，而且长期记忆能力更强，他们更倾向于保持清醒和警觉，而不是像外向型人那样"人来疯"。内向的孩子不需要太多的外界刺激，有时，他们表面上看起来在发呆，但事实上，他们在敏感地观察四周的世界。

内向人和外向人恢复精力的方式不一样，外向的人需要从外界刺激中获取精力，你可以认为他们是太阳能充电板。而内向的人则需要安静，用独处的环境来恢复能量，他们更像一个经常需要充电的充电宝。

在这个时刻需要接触无数人的社会，外向的人更显得精力饱满，而内向的人则容易精力耗竭。实际上，内向的人拥有很多特别的优势，当他们只面对 1~2 个问题的时候，他们可以深入研究，内向型人是天生的学者型的思维人。

不要试图改变孩子天性

当一个人试图改变另一个人，悲剧就会发生。人的个性是不可能被改变的，它源于基因，而不是某个人的愿望。马云说过一句话糙理不糙的话："不要只会抱怨，你改变不了特朗普，你连你妈也改变不了，你只能改变自己。"幸福快乐的首要一点，就在于一个人愿意成为他自己。

社会普遍更重视行动力、速度、竞争力和魄力，所以性格外向更被社会推崇，内向的人更容易被排斥。你可以理解为，内向的人可以解决复杂而高深莫测的难题，他们属于咨询顾问阶层，外向的人更有冒险精神，他们属于行动派。

不管是内向还是外向，都不能让一个人成功或失败。尊重孩子本来的性格特点，不要强行让内向的孩子每天深陷于各种社交场合，这只会让他筋疲力尽。同样，外向的孩子需要更多的社交，如果你把他困在家里，他也会非常难受。如果你有幸养育了一个内向的孩子，作为家长的你应该做到以下三点，成为他最好的助力：

1.尊重孩子本来的样子，你可以支持他参与各种活动，也支持他选择独处的权利，这一切建立在孩子的好状态和心情愉悦基础上。

2.让孩子建立一个好的自我认知过程，接纳自己，肯定自己的个性和喜好。不要把内向视为一个缺点来批评孩子，在其他人以此来责难孩子时，你还要成为他的守护者，肯定他的性格特点。

3.引导孩子成为自信的人，欣赏自己的长处和独特性。不一定举手回答问题的孩子才是学懂了，默默学会而不作声也是一种学习方式。

内向不代表不会社交，他只是更倾向于关注自己的内心，以及思考更为复杂和宏大的课题。在一定的环境下，内向型孩子更容易被培养成某个领域的专家，父母需要发掘孩子身上的亮点和潜能。

孩子被孤立怎么办

找到被孤立的原因

孩子之间发生矛盾时,最常见的解决方法是孤立。本质上来说,孤立是精神上的暴力,孩子被孤立是隐形的校园霸凌,孩子可能会不喜欢上学,无心听老师上课,他要么厌恶对方,要么每天战战兢兢。不管是心理上还是生理上,对孩子而言都形成了巨大的压力,严重时甚至有可能引起抑郁、焦虑等心理问题。

通常被孤立都是事出有因的,被孤立也是一面镜子,照见孩子身上的问题。很多时候,孩子被孤立是因为自身有坏习惯,在相处过程中,让其他孩子不愿意接近他。这种被孤立是一个"好的"投射,我们可以趁早找出孩子的问题,加以纠正。

比如，有些孩子说话不考虑别人的感受，爱说别人的闲话，常常取笑别的孩子，或者爱炫耀自己，时间长了，其他孩子自然而然就不想跟他玩。有些孩子，老给老师打小报告，动不动就拿家长和老师来压制其他同学，同样会引起同学们的不满。另外，有些孩子有一些自身的陋习，比如不爱卫生，不喜欢洗澡，身上有异味等，这些问题都是需要自我纠正的。

另外，还有一个比较常见的问题：孩子脾气大，以自我为中心，不懂得分享。现在很多家庭的孩子都是独生子女，习惯了在家被众星捧月，到了学校也想别人以他为中心。事实上怎么可能？谁又不是家里的小宝贝呢？所以他们不懂得融入集体。

这些本来存在于孩子身上的问题，家长可以趁机纠正孩子，把校园视为社交能力培养的训练场，为孩子未来进入社会做好准备。

孩子自身的一些缺点或短处被过度扩大，也是一个被孤立的原因。比如说，你家的孩子长得太胖了，大家都笑他胖子；孩子成绩太差了，天天被嘲笑蠢。孩子迟早会遇到这样的人，大千世界不可能所有人都护着你、顺着你。这个时候，父母要给孩子上一节课，如果不希望被取笑，就先做好自己，强大自己，才能让别人无孔可入。孩子如果有肥胖、成绩差等问题，对孩子来说，也不是什么坏事，把压力转化为动力，改变这些不完美，就是正向利用了孤立这件事。

另外，家长可以帮助孩子在其他地方找回自信，上天对你关上了一扇门，总会留一扇窗。如果孩子成绩不好，他可能口才好、体育好、弹琴好、动手能力好。但凡孩子能有一项闪闪发光值得骄傲的特长，他就能找回自信，有了自信，别的孩子也不会低看他。人需要有一种"优越感"，才能在别人的面前挺起胸膛。

然而，有的孩子因为太优秀，也被别人孤立。认真学习的孩子，被戏谑为书呆子，被大家排斥。有些孩子作为班干部，跟老师关系很亲近，大家怕被告状，于是都躲着他。

当孩子遇到这类情况，家长必须积极和老师进行沟通，不要满腔怒火地来到学校，让老师无所适从。当家长能心平气和地跟老师沟通，老师也会及时干涉，主动保护孩子，一定程度上避免孤立状态发展为校园欺凌。家长与老师沟通一定要懂得尊重彼此，让老师成为我们的助力，先从人身范围上保证孩子的安全。

培养孩子应对孤立的能力

我们会发现孩子在学校里可以有一千个理由被孤立、被欺负，我们要做的并不是每一次都为孩子"伸张正义"。即使我们想,我们也做不到。父母要做的核心事项在于培养孩子坚强的内心和自我认同,培养孩子不可欺负的气质,培养孩子应对孤立的能力,让那些"妖魔鬼怪"自然散退。

家长也可以有意识地培养孩子自我保护的能力,进行身体锻炼、健康饮食,长高长结实,昂首挺胸,一看就不是会让人欺负的那种样子;也可以去报一些增加勇气和力量的兴趣班,比如跆拳道、散打、咏春拳都是可以的,强身健体又能加强自身保护能力。

最重要的是,父母要给予孩子最大的爱和认同,不管你的孩子是为什么被孤立,他都会产生一种"我不值得""我比他人差"的感觉,也就是自我认同感很低。在这种情况下,如果父母可以持续地给孩子足够的认可和支持,孩子在校园里亏空的认同额度,就能够在家里被充满。他依然会长成一个自信独立的孩子,甚至他能够看出同龄人一些拙劣幼稚的把戏,把被孤立这件事分析清楚,明白问题不在自己身上,而是某些同学的品行和行为有问题。

我当年也因为成绩不好被同学嘲笑,但我的父母一直鼓励我、肯定我,再加上我本身喜欢体育运动,我从小到大都是阳光开朗的个性,现在我可以无压力地跟任何人沟通,甚至链接着几百万粉丝,这一切在于我父母从小一直保护我的自尊心,让我相信自己足够优秀。

就算被家长和老师觉察,并为此做出努力,可能也一时三刻不能改变，甚至有的孩子会持续被孤立，从小学到大学都没办法融入集体。不管何时何地，我们都很难去掌控他人如何做事做人，想要自己的孩子免受伤害，就要有意识地培养孩子拥有强大自信的内心，建立自我保护的能力。

为孩子种下"挫折疫苗"

我们来聊一个非常关键的问题：挫折教育。

大部分的家长都在努力地为孩子创造温室条件，从小如珠如宝地呵护他，这是爱的一种表现，但真正的爱是赋予孩子经历风吹雨打的能力，让他面对艰难险阻依然不放弃，有勇往直前的能力。这也是我们今天常说的挫折教育。

近年来，校园自杀自残事件在增加，不管是学霸还是学渣，都可能发生，其中不乏名校学生。考上大学，成绩好，不代表孩子的心理韧性强。

很多孩子从小就被告知自己只要做好一件事就行：读好书，考个好成绩。以至于孩子把成绩看成了人生的关键，稍有不顺，考试没考好，或者论文答辩延迟申请被拒绝，就感觉整个人生开始坍塌。

这几年，学校也在逐步开设挫折教育的课程。挫折训练也是一种性格训练，最有效的方式依然是在家庭教育里展开。安全感是对抗挫折最好的武器。当父母有稳定的情绪，可以为孩子提供心理支持，陪伴孩子克服困难，教育孩子如何应对失败时，孩子就像从小接种了"挫折疫苗"一样，对挫折不至于反应过激，或者无力抵抗。

面对挫折时，孩子自身的安全感来源于哪里呢？来源于家庭教育，孩子既要清醒认识自己不能次次都考100分，还要知道自己该如何努力才能进步。我依然是那句话，不要让爷爷奶奶带孩子，他们除了本能地去宠溺孩子，很少具备挫折教育的意识，他们反而是那个尽力避免孩子接触任何挫折的人，这样孩子的"抵抗力"就会低于常人。

我认为父母可以通过三种方式来对孩子进行挫折教育：首先，培养孩子的心理韧性；其次，建立孩子对挫折的免疫力；最后，增强孩子的责任感。

培养孩子的心理韧性

李玫瑾教授介绍过一个训练孩子心理韧性的方法，就是送孩子去学游泳。初学肯定是不好受的，孩子可能会可怜地说："我喝了很多水，吓死我了。"这时家长记得要对孩子说这样一句话:"你要记住这种感受,无论遇到什么困难,只要你扑腾,肯定能好好活着。"

这种学游泳的体验延续到未来生活中每一个困境,让孩子记住他可以靠自己的能力渡过难关。这跟训练跑步是同一个道理,每一次你觉得自己快不行了,但你坚持多跑50米,那么耐力和韧性就会持续提升。

孩子吃苦耐劳的意志力和忍耐力需要从小建立,从一次次的挑战、家务中建立,让他适当的时候吃点小苦,心理韧性的提升就是在一次次的困难当中培养起来的。

建立孩子对挫折的免疫力

一帆风顺的人生,很难塑造一个立体的孩子。我们不可能一辈子为孩子遮风挡雨,我们能做的是让他从小学承受风雨,依然挺拔健康。挫折教育跟接种疫苗的原理一样,父母可以有意识地让孩子经受一些小挫折,引导孩子学会应对挫折。

有些孩子跟父母下棋,一输就哭,父母心疼孩子就让棋,这是不可取的。孩子玩游戏输掉了,也是一种小挫折,父母可以告诉他,所有的比赛都会有输赢,而且你不会一直赢。输赢并不是最重要的,重要的是你在输掉了以后,知道下一次遇到同样的情况,你该如何应对,只要你不放弃,永远有机会再下一盘。

诸如此类的挫折教育方式还有很多,如果你的孩子零花钱太多了,每次都大手大脚的,你可以带他去跳蚤市场,让他体验做生意,感受一下没有人买东西,或者一天就赚十块钱的感觉,让他从小知道挣钱并没有那么简单。

我们可以通过培养孩子动手能力的同时,让孩子体验小挫折。比如,孩子玩积木,一开始搭不好,或者搭好后有积木块掉下来,这时有的孩子就会很生气,很有挫败感。家长可以在旁边给他展示如何气定神闲地把掉落的积木拿起来,重新拼好,让他知道,积木掉了很正常,拼不好也没关系,这个过程是风轻云淡和愉快的。

当孩子遇到挫折时,记住一点,不要责备孩子的错误。要把错误看作成长和进步的一个过程,如果每次孩子犯错,遇到挫折,你就责备他,孩子自然而然就会害怕失败,害怕挫折,还怎么可能有勇气面对挫折呢?

增强孩子的责任感

培养孩子就像打游戏,去打怪,去升级,这个"IP人物"或者说游戏角色才变得更加强大。孩子在成长过程中,需要不断历练，就像唐僧取经需要经历九九八十一难，不能跳过这些艰难险阻。

父母要从小为孩子树立一个观念：你不是世界的中心。在家里，你获得照顾，但你没有特权，每个人都要分担家务，就像妈妈做饭，爸爸洗碗一样，孩子吃饭以后，就算不会洗碗，也要帮忙收拾碗筷。从小培养孩子的责任心，不仅对这个家庭有责任感，对集体也应如此。

我当年本科毕业后留在校内工作，辅导员让我跟他儿子一起工作，叫我照顾他，其实他还比我大2岁。这个孩子从小就站在宇宙中心，基本上没有共情能力，大家分好的任务，他总是挑肥拣瘦，怕苦怕累，时间长了没有人愿意跟他一起工作。这就是盲目宠溺孩子造成的后果，盲目溺爱是一种毒药。

另外，我们可以教育孩子从小学会付出，比如过年收了很多红包，让孩子花点钱给家里买小东西。作为家庭的一分子，他要学会分享，不能只是坐享其成。

当一个人有了责任感，他就有了担当，遇到事情，他不会逃避，他敢站出来承担责任，思考如何解决问题。这种能力不仅可以让孩子学会应对挫败，也是让孩子变得独立自主的关键。

一个人没有责任感，任何挫折对他来说都是难以承受的。培养孩子的责任感，是必需的，若一个人习惯用逃避的方式解决问题，他这一生都没有直面现实的勇气。挫折教育看似很难，但一切的秘密都在家庭教育中埋藏着，家长有意识地培养了孩子的责任感、挫折的免疫力和心理韧性后，这个孩子未来才能成为无惧风雨的少年。

培养受欢迎的孩子

  每个社交群体中都会有人被孤立，也会有人特别受欢迎。我们可以说在社交场景中的两极，就是被孤立和受欢迎。避免被孤立，不等于受欢迎。受欢迎涵盖的不仅仅是我们通常说的情商、自信，还有社交能力，甚至是自身的魅力。

  一个受欢迎的人可以成绩平平，但是不管是在学校还是在企业中，这种人都会如鱼得水，大家都更愿意帮助他，愿意倾听他说的话，而且他的人生之路也会比其他人好走。

  在此，我们一起来研究一下这个问题，如何让孩子变得更受欢迎，并很好地融入各种群体，在群体中获得认同和帮助。

让孩子有魅力，有见识

据我个人对多年来接触的孩子的观察，我认为关键的一点是，经历造就孩子的个性。就拿今年冬奥会圈粉无数的谷爱凌来说，她不仅性格阳光，还是个学霸，在镜头面前落落大方，笑容灿烂，连参加冬奥会的服装都是她自己设计的。如何造就一个像谷爱凌一样完美的孩子？

她从小就接受了高品质的素质教育，她的母亲谷燕毕业于北京大学，曾经是滑雪教练。父亲毕业于哈佛大学，基因和家庭环境给予了她莫大的优势。她爱运动，她的妈妈为了带她去滑雪，周末愿意开9个小时的车，陪伴她来坚持这项运动。运动让人变得阳光，不一定每个人都有这样的条件学滑雪，但运动造就一个人的意志力、自律能力和韧性，加强人的体能，塑造一个人阳光的精神面貌，这都是相通的。你可以长期坚持跑步、游泳、徒步等运动。

大家应该看过一档叫《变形记》的综艺节目，有的农村孩子因为家庭经济条件的关系，可能比较自卑，哪怕他换上了新衣服，他的言谈举止，依然是畏手畏脚的。剥茧抽丝地分析下去，自卑源自哪里？源自匮乏！你没有，而别人有。这种匮乏是多维度的，爱的匮乏，物质的匮乏，见识的匮乏，体验的匮乏，综合起来，共同造就了一个人的气质。

有些人可能家庭条件一般，去不了国外旅游，但父母带他去大自然里，也是一种体验，经济条件并不能完全决定一个人的匮乏和丰富。当你没有新衣服的时候，穿一件妈妈认真洗干净、熨得服服帖帖的衣服，你看上去依然非常干净、利落。相对于富裕家庭里由保姆带大的孩子，一个由父母全心全意陪伴成长的孩子，可能会获得更多的爱和安全感。

我们或许都会受到客观条件的影响，但在能力范围内，依然可以找到陪伴孩子的方式，在孩子小的时候，尽力让他多体验、多见识，才能培养他淡定从容、落落大方的气质，长大之后这种气质会变成人格的魅力。

另一个关键点是，孩子从小获得足够的肯定，也懂得肯定别人。这也是正面管教的核心，父母就像是一个操盘手，可以为孩子设置游戏规则，把孩子往正确的道路上引导，让孩子一点点提升自我的认同感。

如何才能获得足够的肯定？你需要有一个拿得出手的特长，一个正能量的兴趣爱好，比如音乐、美术、舞蹈、朗诵、体育项目，找到自己的兴趣和天赋所在，从小开始培养，成为锦上添花的一个能力。父母是为孩子进行布局的人，但这个布局仅限于帮孩子登上这个棋局，孩子具体要走哪一个方向是他自己的选择。说白了，父母给孩子设定一个行动的底线和规矩，比如说孩子喜欢踢足球，但必须把做作业的时间和踢足球的时间合理安排。父母是一个布局者，在孩子年幼缺乏大局观的时候，让孩子少走一些弯路。

当一个孩子心理上不自卑，有运动、阅读和思考的习惯，也有拿得出手的长处，对自己的认同感很高后，整个人就会焕然一新，变得从容，对别人没有敌意和压迫感，自然而言地更懂得跟人相处。

对他人有价值，才称得上情商高

至于大家都很关注的情商培养问题，很多家长都有一个误区：爱说话的人情商高。其实并不是，真正的情商是建立在有足够的经历基础上，不断地出现小的挫折并克服它，逐渐地变强，因为懂得，所以慈悲。当他能理解别人的不容易，当他能尽可能地体验更多的艰难困苦甚至是委屈，他就能形成强大的同理心，也就是我们说的共情能力。

有些人讲话是停不下来的，或许第一感觉会觉得这个人很善谈，但当你深入了解他，你会发现他讲的话都是废话，没有什么意义，这种人只是话多，话多并不代表情商高。一个人的思想比他的口才更重要，如果没有思想，那么就跟鹦鹉学舌没有区别，因此我不太建议大家让孩子去上什么口才班。

一个人是通过大脑去说话的，要想表达能力强，你先要武装自己的大脑。表达能力是大脑的逻辑思维能力决定的，他需要有学识、见识、自己的理解和思考。语言表达只是一种方式，你也可以用其他方式表达，比如画画、文字、音乐，这也是艺术诞生的原因。

情商高的人一定是非常善于思考和观察的，他知道如何得体地去表达自己，去理解别人，去帮助别人。一个高情商的人说的话可能很少，但是他往往能一语中的，说话做事都显得更有价值，大家特别爱围绕在他身边，爱听他讲话。

我们说的成为受欢迎的人，并不是自己一味地去逢迎，这样没有根基和底气的热情，是毫无意义的。很多人都说要积累人脉，但你认识他，知道他，不代表他就是你的人脉，人脉是互相之间可以互惠互利的关系。你可以为对方提供现实价值，或者情绪价值，关键时刻能够力挽狂澜，这样的链接模型下的关系才能称之为人脉。

我还要跟各位家长更正一个观念，不要从小跟孩子强调情商的概念，更不能随便给他贴标签。一个人25岁之前，都处在成长的状态中，有些人早熟，有些人晚熟，等到孩子开窍了，就能懂得如何为人处世了。就如同，你不能说一个1岁的婴儿表达能力不好。

任何一个未成年人，他再怎么情商高，都不叫情商，那顶多叫智商高，或者叫悟性比较好，正儿八经的情商是在25岁以后，经历了足够多的事慢慢建立起来的。一些看似八面玲珑的人，实际上除了表面上的和谐，并不能产生什么实际作用，甚至会成为一个不讨好的老好人，每天陪着别人转，四处应酬，进行无意义的社交，不如把宝贵时间投资在自己的身上，培养自己的能力，为自己建立人生夯实的根基。

最后，受欢迎的人还有一个共性——谦逊。

一个人炫耀什么，就是他缺少什么，一个什么都不缺的人不需要四处宣扬来获得其他人的认同。培养孩子谦虚谨慎的个性，学会从别人的身上学习，知道"山外有山，人外有人"，对人对事保持一颗敬畏的心，是所有成功者共同的品质。有了虚怀若谷的谦虚后你才能有不断进步的动力，你对待生活和别人的态度将完全不一样。在这个自身不完美的大前提设定下，你可以接纳自己的不完美，也将不断地从一个阶梯爬向另一个阶梯，实现回旋式上升的人生轨迹。

钻石在经过打磨和切割之前，只是一块坚硬的石头，它的闪耀来自它的经历，每一个切割面都是一道伤痕、一次挫折、一次经历，都会在未来的日子里变得闪亮。我们培养孩子就像打磨钻石一样，在安全的范围内，让他去体验世界的博大，去体验生活的多姿，去寻找自身的热爱，经过千锤百炼，方得始终。

Part 2

全面规划，才能弯道超车

4

别焦虑，学习不好的孩子也能弯道超车

如果孩子不擅长学习，父母先要梳理清楚自己的想法，然后才能更好地帮助孩子。

大量事实告诉我们，成绩不好的孩子依然可以有幸福的人生道路，可以进入适合自己的学校，进入适合自己的行业，找到自己喜欢而擅长的工作。

总有一个路径，能让孩子拥有自己的价值感。

孩子成绩不好，请不要担心

对于孩子来说，成绩不好，究竟意味着什么呢？

孩子成绩不好，大部分家长认为是孩子懒惰，不努力，学习态度不好。也有人认为，成绩不好的孩子，就是不如其他孩子聪明，不然为什么一样的老师、一样的班级，人家能考100分，你却不能？

我可以非常负责任地告诉大家，有的孩子成绩不好，真的不是因为懒，也不是因为蠢，而是因为各方面的因素共同发生作用，如父母的教养方式、与同学的关系、老师的教学、学习方式、家庭氛围、孩子自身的饮食睡眠等，最终才造成了孩子成绩不好。家长和老师往往都把所有的问题简单粗暴地归结为孩子"不行"。

相信大部分的家长都没有当过差生，就更别说理解差生的感受。我们需要抛开过往对差生的刻板印象，好好地聊一聊"差生"这个话题。

作为差生的艰难和酸楚，是父母们无法预想的。差生要面对的，不仅是羞于见人的考试成绩单，他还会被同学嘲笑，被老师无视或挤对，回到家里要面对家长评价和惩罚。在他们的小世界里，充满了来自四面八方的负面评价。

以我为例，我曾经就是一名超级差生。小学一年级考试，我数学考了37分，语文考了63分，同学们纷纷嘲笑我，说别人考100分，我也考100分，但我是两科加起来才100分。这个笑话，一直被同学们调侃到小学5年级，我一直是那个不敢抬起头来讲话的孩子。当然，这已经是很久以前的事情了。现在的教育制度越来越开明，也不再公布成绩和排名，我以自己的切身经历深刻地体会到这是对孩子的保护。

小孩子固然没有太坏的心思，但是同学之间这种奚落，对我而言是一种沉重的打击。当时，甚至有同学说不要跟我玩，因为跟我玩会变蠢、变傻。因为成绩不好，我在本该快乐的年龄，被同龄人孤立和轻视。

除了同学们的嘲笑，在学校里，我还有另一个痛苦的根源：我的数学老师。孩子天然会有一种对老师的崇拜，父母说一百遍还不如老师说一遍，这也意味着老师的话就是"圣旨"。因为我的数学只考到37分，当年的数学老师总会在课堂上有意无意地影射我，比如说"人家都说笨鸟先飞，有的人又笨又不飞"。

虽然在老师看来这是一句蜻蜓点水的话，但在我心里，却似投下了一个重磅炸弹。

那段日子里，我甚至会半夜梦见老师批评我，常常半夜哭着醒过来。作为小孩的我，认为老师的话就是真理，老师说我笨，那我肯定是智商有问题的，因此我内心也认为自己是一个脑子不好使的孩子。

现在，退一步来看，如果当年的数学老师批评我调皮不认真学习，或者懒惰，对小时候的我来说，我都不会那么深受打击，因为调皮和懒是可以改变的，但笨这件事，几乎是宣布我没有救了。

即使很多年已经过去了，我依然能记得当年的绝望、无助和羞愧。

我也很幸运，即使在学校"腹背受敌"，同学嘲笑我，老师不待见我，但我的父母给予了我无条件的鼓励和接纳。父母告诉我："其实你很聪明，一点都不笨，老师这样说，是一个激将法，希望你以后能好好学习。"

妈妈甚至翻出我幼儿园时期的"光辉事迹"，反复举例说明其实我是一个非常聪明的孩子，连幼儿园老师也这样认为。比如，我不到1岁的时候，有一次，爸爸的手表丢了，到处都找不到，而那么小的我，竟然在抽屉里找了出来，并且拿给他。这足以说明，我的智商没有问题，我非常聪明。

当时还是一年级新生的我，每天都接受着来自父母的开导和鼓励，也就慢慢地重拾信心，继续开开心心地上学去。

如果你的小孩考试成绩也不好，甚至被定义为差生，千万不要急着批评孩子，以为惩罚和批评孩子才是父母的本分工作。父母更应该了解孩子的处境和面对的压力，此刻，孩子其实在默默地向你发送信号，希望你能够帮助他走过这道坎。

我们可以通过下面几个方法来帮助孩子！

第一，父母要重新定义"差生"。

很多父母觉得"成绩不好"，天都要塌下来了。父母先要梳理清楚自己的想法，才能去帮助孩子。成绩不好，不代表孩子考不上高中，考不上大学，不代表孩子不聪明，也不代表孩子未来找不到好工作。

成绩只代表文化课的考试分数，而除了传统的中考、高考外，孩子还能掌握其他的特长和技能。自从小学被定义为差生后，我后来的学习成绩一直不太好，但父亲一起陪我踢足球，培养我的兴趣爱好，后来我还自学了日语，这也为我打下了基础。最后，我作为足球体育特长生考上了武汉体育学院。

所以，没有必要把"成绩不好"这个问题过度放大，认为孩子的一生都没有希望了。父母若没有方向和底气，又怎能笃定地引导孩子成长呢？

第二，发掘孩子的优点和特长。

很多父母都认为，学习只有一条路，且要一条路走到黑。其实大可不必，父母如果早早发现孩子不擅长应试教育，那在陪伴孩子继续学好文化课之余，更要有意识地发掘孩子的兴趣特长，才能为孩子打造另一把披荆斩棘的利剑。比如，我四年级的时候就是个运动小天才，足球、篮球、羽毛球我都玩得很好，但我爸爸只有1.7米，我妈妈1.59米，我知道，由于基因限制，我不可能长到1.9米成为专业的篮球运动员。

我父亲学生时期也是体育委员，他跟我说，如果你继续打篮球，成才的概率很低；羽毛球需要从5岁开始练习，你已经错过了养成童子功的年龄；如果你踢足球，说不定还能有希望成为职业运动员。

我欣然接受了父亲的建议，从那时起，每天放学，我父亲先带着我去踢足球，练习射门和带球，运动完回家洗个澡再做作业。那段时间，我的学习成绩也明显提高，之前要写到凌晨1点的作业，踢完足球以后，1个小时就能写完，整个人都变得积极而主动。

作为父母要善于发现孩子的天赋，"三百六十行，行行出状元"，成绩不好又如何呢，老天爷对每个人都是公平的，每个人都有自己的天赋，都是人才，每个行业都不分贵贱，我们要善于发现孩子适合做什么，对什么感兴趣。

如果明明学不好，还天天钻牛角尖，孩子只会充满挫败感。父母培养孩子的爱好特长，不仅可以起到换脑子休息的效果，提高孩子学习的状态，还能让孩子重新找到自信，发现自己的优点，不至于被负面评价包围。相对于孩子的自信和心理健康，学习成绩真的没有那么重要。

第三，培养孩子的运动习惯。

心理学研究显示，如果孩子能每周做3次有氧运动，每次30分钟左右，孩子的专注力、记忆力和学习成绩都会有显著的提升。因为孩子是一个整体，身心状态是基石，想要盖高楼，就得有好的精神状态。

不管孩子成绩如何，培养孩子一周运动3次的习惯，可以让孩子受益一生。我至今已经持续夜跑14年，一星期4次，每次7千米，不管有多忙，风雨不改，这个习惯给予了生活的锚点，让我有了顺利运转的基础和能量。

第四，给予孩子持续的鼓励和支持。

　　学习成绩不好的孩子，不仅容易自卑，情况严重时，还容易变得极端。如果孩子沉浸在成绩不好的氛围里，他会怀疑：这辈子难道只有学习？难道学习不好，我就一辈子都没出息吗？

　　孩子心里很害怕，表面唯唯诺诺，内心非常脆弱，甚至因此轻生的孩子不在少数。真的会有孩子认为"反正没有人喜欢我，我也没有任何用处，我还是离开比较好"。

　　作为家长，一定要给予孩子无条件的支持和肯定。一位老师面对的是几十个学生，甚至上百个学生，不可能照顾每个孩子的情绪，父母在这个时刻便要展现出人生导师的作用。当孩子成绩跟不上、学习还未开窍的时候，父母应以缓解孩子的压力为主，引导孩子进入学习的状态里面，把成绩放在最后。在孩子情绪稳定的情况下，再来谈学习。

　　总之，关注孩子的情绪才是王道。父母可以时不时带孩子出门走一走，转换心情，趁机与孩子好好沟通，让孩子知道自己的父母永远都可以信任和依靠。

弯道超车的四条路径

有段时间,"成功学"泛滥,各种投机取巧的花式标题,比比皆是,让大家有一种错觉,似乎所有的成功都有捷径和秘诀。方法固然必不可少,但当下的人们,不管是孩子还是家长,缺的不是聪明才智,而是脚踏实地的韧劲和决心。

在这本书中,我们谈论的"弯道超车",从来不是给你找一条捷径,而是一起探索另一条通向"罗马"的道路,让孩子未来的选择多一种可能性。弯道超车的本质在于用孩子的"特长",开辟新的通路,让不擅长考试、成绩不好的孩子也能拥有自己的竞争力。家长们要有心理准备,弯道超车的路并不会更轻松,甚至会更艰难。它也遵循"等价交换"原则,你要想在100个人中脱颖而出,你要有优于其他99个人之处。一分耕耘,一分收获,这是亘古不变的规则。

在应试教育选拔模式下，每个孩子都要面临升学的考验，从中考开始，一部分孩子将要接受专业的职业教育，虽然并不是说职业教育不好，但高考几乎决定了孩子未来去向。成绩不好的孩子，如何面对升学的考验？我们可以通过以下四种弯道超车方式来实现逆袭，我将它们划分为地基型项目培养、功能型项目培养、小语种转型和曲线考学四种类型。

第一种，地基型项目

张爱玲曾说过出名要趁早，孩子的特长也要趁早培养，才能有年少成才的机会。因为很多特长项目都需要从娃娃抓起，这也是我们常说的童子功。

如果想要孩子成才，成为专业运动员或者职业选手，要趁早开始地基型项目的训练。因为很多项目都有它的最佳培养时间，比如4岁练体操，5岁练羽毛球和乒乓球，六七岁练足球和篮球，当时间维度拉长以后，10岁后开始培养特长的孩子与拥有童子功的孩子的差距巨大，画画、舞蹈、声乐等艺术类项目同理。

在实际的升学考试环境中，很多家长往往到了小学六年级，或者初二、初三才发现孩子学习跟不上，临时让孩子学画画、学钢琴等项目。如果仅仅当个人兴趣去学固然是可以的，什么时候开始都无妨，但他们很难脱颖而出。我的个人建议是，不管孩子成绩好不好，父母都有必要在孩子上小学之前，帮他发掘兴趣特长，如果孩子喜欢画画就去画画，喜欢跳舞就去跳舞，喜欢踢足球就去踢足球。

当然，这里也要考虑孩子的先天条件，很多项目是有"成才"门槛的，比如跳舞的女孩，未来的身高要高于1.61米，打篮球的孩子身高要1.9米以上等。如果孩子选择的特长在未来走职业化道路有身高的限制，建议去找专业的大夫评估一下，好的专家可以根据父母的身高，测算出孩子遗传身高的范围。

总之，父母要做一个有心人，有意识地为孩子的未来多铺垫一条路。

第二种，功能型项目

如果真的临近升学考试，才发现以孩子的学习情况铁定考不上高中或者大学，那家长该怎么办呢？这时，就要看看你的孩子有没有被"老天爷赏饭吃"，发掘孩子的特长之处。

他身高特别高吗？长相特别好吗？表达能力特别强吗？这些都可能成为找到功能型项目的优势。

之前有位家长咨询我说：陈老师，我女儿现在读高中，身高1.73米，但是学习成绩不好，体育也练不好，长得也不算特别好看，大学是肯定考不上了，怎么办？

我给了她一个建议，让孩子学习服装表演专业，这个专业对身高要求较高，一般女生不能达到1.7米的身高，所以竞争相对小了很多。孩子除了学服装表演外，还包含服装设计方面的内容，以后就业的路径也很清晰。

孩子身上的"特别"之处，通常都可以培养成一种天赋，家长要善于发现孩子的这种独特点。如果父母双方的身高都在1.6米左右，孩子的身高也特别矮，而且从幼儿园开始就发现孩子学习兴趣不高，但肢体协调能力比较好，可以让孩子去正规的渠道学习体操。经过几年的训练，孩子一般在9岁左右就可以参加比赛，成为职业运动员，获得名次和奖项后，还能被保送到优秀的大学，比如清华、北大的校运动队里，也未尝不是一种弯道超车的路径。这种凭着孩子的天赋和体格优势实现弯道超车的项目，还有皮划艇、女子足球、散打、日语等，我们在后面会展开分析。

第三种，小语种

这是针对英语成绩不好的孩子的一种补救方法。

语、数、英，一直是升学考试的重头戏，但是有些孩子英语一直学不好，不管如何补习，单词就是背不下去，有时候并不是临时恶补就能解决的。如果你的孩子怎么努力学英语还是很不理想，直接拉低了总分，建议可以考虑转考小语种参考高考。可以选择的小语种有西班牙语、日语、韩语、法语、德语、俄语等。很多孩子不知道高考也可以转小语种，可以找老师咨询一下。

我当年的英语成绩也不好，我后来改考了日语，通过自学的方式，最后以137分的日语成绩考上了大学。因此，如果英语真的学不会，没关系，还可以选择其他更擅长的小语种，同样可以考上心仪的学校。

第四种，曲线考学

这是中考失利孩子的逆袭之路。很多城市大约有50%的孩子考不上普通高中，但他们依然有机会考上全日制的大学。只要孩子参加中考，能考到200分左右，就可以选择公立职业高中或者中专。之后，进入学校好好学习课程，三年后依然可以通过高职单招和技能高考，最后也能成为一名全日制大学生。

以上，就是目前可以帮助孩子弯道超车的四种路径。"弯道超车"并非一种捷径，也不是一个"神秘的偏方"，不管选择常规的应试考试路径,还是以特长超车,孩子都必须踏踏实实地学习文化课知识,在这个基础上以技能提升自己的竞争力。

功夫不负有心人,提前做好自己的功课,最后的成果总是不会辜负你的。

小学三年级之前，
培养孩子逆转人生的特长

  小学三年级是孩子人生的关键转折点。随着三年级文化课难度增加，学生之间的各项能力慢慢拉开差距，孩子的成绩高低、学习自主性、学习的兴趣浓厚程度，都逐步显露无遗。

  此外，三年级也是孩子特长学习的分水岭。若希望孩子有一天靠着特长逆袭，或者成为某个领域的专家，特长训练必须从娃娃抓起，也就是我们平时说的童子功。前面我们也讲过童子功的重要性，下面来看看如何为孩子选择项目，为孩子铺垫未来，埋下一颗人生逆袭或锦上添花的种子。

  在培养孩子兴趣特长的路上，孩子会遇到各种各样的坑，其中第一大坑，来自父母。很多家长把孩子看成炫耀的工具，觉得孩子考证拿奖，自己脸上有光，朋友圈展示的全是孩子的高光时刻。请家长们谨记，我们的孩子不是机器人，他首先是他自己，我们遵循孩子的兴趣，从天赋和兴趣出发，才能学好特长。

特长项目五花八门，下面我为大家提供一些为孩子选择特长的思路。

首先，我们需要避开"鸡肋"项目。本质上来说，不管孩子学习什么技能，都会对孩子有所裨益，但孩子的时间有限，精力有限，因此某些"鸡肋项目"可以接触，体验一两个月，让其掌握某种思维模式，开阔眼界，提高审美能力。同时家长要观察孩子是否有天赋或者浓厚的兴趣，如果孩子对它没有特别的兴趣，一般不建议长期进行下去。

比如书法，包括毛笔书法和硬笔书法。我并非否认习字的好处，相反，我认为书法是可以持续一生的好习惯。但书法只要掌握了临摹的技巧后，孩子是可以自主在家练习的，可以成为孩子日常的一种习惯。把书法作为每周郑重其事的训练项目，在我看来就不太适宜。只有一种情况例外，如果孩子对书法兴趣异常浓厚，且非常有天赋，那么可以持续请名师进行指导，或许能培养出现代的王羲之。假如只是上普通的培训班，老师上课就让孩子描红写满一页纸，那对孩子来说作用不显著。

诸如此类的项目，还有围棋、象棋、乐高、空手道、轮滑等，以上的项目除非孩子的天赋显著，如果仅作为兴趣爱好，适当学 1~2 个学期即可，三年级之前，可以停下来。

还有不接地气的项目。比如马术、击剑、垒球、橄榄球、棒球、冰球、曲棍球等，这些项目通常给人一种高大上的感觉，很多宝妈趋之若鹜，想让孩子去学。事实上，在现在的大环境下，这些项目好师资是稀缺的，适宜训练的场地也很少，还很难拿到运动员资格证或者参加国家级的比赛。此外，这类项目因为场地、师资等限制，一般学习费用很高，对于经济条件普通的家庭而言，性价比就不高了。因此，我建议这类项目依然以体验为主，孩子如果感兴趣，都可以了解，但不建议作为孩子长期坚持的项目。

作为弯道超车培养项目，我们始终需要考虑的一个问题是：学这个项目孩子是否能成才，这项特长的发展前景和路径是否清晰？

我们会发现，选对了兴趣爱好，它带来的"效益"远远不只是学个特长那么简单，特别是体育类的运动项目，它还附带强身健体的额外功效，对于被各种科技电子产品荼毒的孩子来说，更像是一味解药。很多体育项目真的能为孩子人生创造机遇。

学习体育类项目的特长，虽然要求和方向各不相同，但是作为升学考试加分项，获得运动员等级证书，或成为职业运动员的路径大体是一致的。作为大学体育老师，我推荐各位家长让孩子学习以下10个项目：足球、篮球、排球、网球、乒乓球、拳击、散打、跆拳道、攀岩、游泳，具体学什么项目可以结合孩子的爱好和先天条件来决定。

如果孩子长得瘦高瘦高的，长相比较清秀，体能也比较好，小腿比较细也比较长，那么让孩子从5岁开始练习羽毛球，是一个很好的选择。羽毛球是一个帮助孩子全面发展的体育项目，身高门槛没有篮球高，参考父母的平均身高，再加上后天的营养、训练，以及好的生活习惯，孩子的身高可以达到迈入国家运动员的门槛。

羽毛球可以提升孩子的专注力、反应力；因为需要目不转睛地盯着球，视力也会更好；另外，羽毛球运动的重心多变，一会儿弹跳向上，一会儿向前，一会儿向后，经常来回跑动，同时增强心肺功能和爆发力，有助于孩子的中高考体育项目成绩提高。表现好的孩子也可以成为职业运动员。

另外，拿到运动健将称号，基本上免试入学，像清华、北大等优秀院校都有机会。如果孩子能拿到一级运动员、二级运动员称号，一本线相对降低，比如一本线为500分，你的孩子只需要考到380分就足够。

还有，孩子还可以直接报读全国12家体育类院校，比如广州体育学院、武汉体育学院、西安体育学院等，它们都有单独招生考试，孩子不用参加高考，拿着国家二级运动员证书，复习好语文、数学、英语、政治四门课，加上专业考试训练，就可以读全日制体育类的一本专业院校。

如果夫妻双方的平均身高超过了1.78米，孩子的臂长和身高都特别优越,那么可以学篮球,学篮球的好处和羽毛球是相当的。如果孩子表现得非常好,有机会进入国家队,甚至参加奥运会,免试保送优秀院校。拿到篮球二级运动员证书,作为孩子参加升学考试的加分项,即使文化课成绩不好,依然能考上大学。

退一万步来看,即使孩子未来不以篮球为职业,参加社会工作后,作为日常社交的活动项目,在客户和同事面前打一场出色的篮球比赛,也会给人留下非常好的印象。还有最基础的一系列好处,如强身健体,培养孩子的专注力、韧性、助力中高考的体育项目、培养团队合作能力,这些显而易见的优势咱们就不一一叙述了。

家长可以结合孩子的先天优势和个性,为孩子选择适宜的项目。如果孩子天资聪慧,非常灵敏,四肢协调能力强,夫妻两个人平均身高也不是很高,那么我强烈建议孩子从5岁开始练习乒乓球,乒乓球非常有助于孩子培养专注能力,对于有多动症、注意力不集中的孩子有非常好的调节作用。

如果孩子做什么事情都善于动脑子,身高不高不矮,腿围比较粗,建议考虑足球和网球,孩子从八九岁开始训练就可以。拳击、散打、跆拳道等项目则需要孩子有腿长优势,特别是拳击和散打,身高越高越好,臂长越长越好,这三个项目在12岁开始都不晚。

以上是我给大家的一些建议,希望能给各位家长一些方向和概念。如果下决心要让孩子专注培养一个体育项目，还是需要提前做好功课，全面而深入地去了解该项目的情况：孩子需要从什么年龄开始训练？当地有哪些靠谱的训练机构？孩子需要如何协调文化课学习和训练？这一系列的调查研究工作是不能省的。有了父母步步为营的认真，才能成就孩子美好的未来，让孩子的未来拥有更多选择权和可能性。

三年级后，
学得多不如学得精

　　从前的名门望族都要求子子孙孙做到文武双全，最好琴棋书画样样皆精。所谓的书香世家，因才艺广博而收获美誉。像苏轼这样的才子也是斜杠才华代表者，既是朝廷大官，又能吟诗作对，画画也有如神助，技多不压身，才技惊四座。

　　随着社会进步，生活的节奏变得飞快，对于孩子的培养有一种要超越古代皇孙贵胄的倾向。在一线城市里，孩子同时学轮滑、围棋、书法、舞蹈、英语、羽毛球、画画、跆拳道是一件很常见的事情。

　　现在三年级的孩子六点多起床，下午四五点放学，需要做语文、数学、英语三科作业，做好复习和预习，能够在晚上八九点之前完成这一切就万幸了。更多的孩子每天写作业到深夜，带着两个黑眼圈去上学，比成年人上班还累。好不容易到了周末，孩子却要走马观花般参加训练班，家长累，孩子更累，多少孩子在琴房里哭丧着脸弹钢琴。孩子唯一的宝贵的童年不应该这样度过。

三年级以后，家长有必要精简孩子的兴趣爱好，保留1~3个项目即可。并不是每个孩子都有体育训练的天赋和条件，对艺术感兴趣的孩子，可以考虑艺术特长项目，比如声乐、古筝、架子鼓、钢琴、萨克斯、舞蹈、绘画等，跟体育项目一样，艺术特长项目也需要考虑孩子的先天条件。

假如孩子五官端正，天庭饱满，皮肤白，四肢修长，且小腿比大腿长，年龄不超过8周岁，提前测好骨龄，结合专业的身高预测，确认未来能够长到1.6米以上，可以选择拉丁舞、民族舞、健美操方向。

假如孩子手指相对修长，对乐器演奏感兴趣，可以考虑古筝、钢琴等乐器培养。在这其中，并没有绝对的好项目。一般来说，我们有两个原则，其一是反复强调的：孩子对此感兴趣。其二是物以稀为贵，当满大街的孩子都在弹钢琴的时候，学习一些民族乐器，比如古筝、古琴、二胡的小孩更容易脱颖而出，前提是孩子技艺达到了专业级别的程度。

我朋友的女儿就是一个很好的例子，他们家对面有个画室，她4岁的时候软磨硬泡地想去学画画，因为每次她走出家门，看见哥哥姐姐的作品都好羡慕，朋友就给她报了个班。他女儿每次都可以画1~2个小时，对于一个四五岁的孩子来说，这种专注力是稀缺的，但因为她有热情，所以她能持续坚持下去。

学到三年级的时候，她已经有超越很多成年人的控笔能力和色彩感知能力。在这期间，她只学过轮滑和舞蹈，作为平衡长期静态的绘画训练项目。即使在家里，小女孩也会主动画自己喜欢的卡通人物和好看的花花草草，这种画画的天然热情，将照亮她未来的人生，即使她不以此作为职业。

不管怎么说，兴趣始终是孩子最好的老师，相对于父母想当然的"好项目"，孩子愿意花费时间的兴趣爱好，更值得培养。我个人建议，选择1个主项目，配搭1~2个副项目。

比如说，以画画为主项目，再配合一个动态项目，比如羽毛球、舞蹈等，副项目不需要过多考虑成才和先天条件，主要是平衡孩子的整体状态，让习惯长期静态低头画画的孩子，拥有强壮的体魄和优雅的气质。

如果以声乐为主项目的孩子，可以配搭一个不用嗓子的项目，比如羽毛球、舞蹈，或一门乐器。如果一边学声乐，一边学主持，孩子的嗓子负担就会很重。另外，声乐配搭乐器，可以自弹自唱，配搭舞蹈可以唱跳，可以创造"1+1大于2"的促进效果。

同样的道理，选择羽毛球、篮球、足球作为主兴趣的孩子，可以考虑书法、围棋、架子鼓等作为副项目，作为调和剂，让孩子可以拥有均衡发展的可能性，同时陶冶孩子的性情，趁小开发他的各种能力和感官通道。

总结以上的观点，孩子到了三年级，随着课业任务加重，应该精简兴趣爱好，保证文化课学习的精力。建议根据孩子的爱好和能力，选择1个主兴趣，配合1~2个副兴趣的方式。搭配的原则是一动一静，如画画+舞蹈；或相辅相成，如声乐+乐器。具体情况具体分析，大家可以根据孩子实际情况调整，保障孩子在校园时期学习成绩和技能培养两不误。

学会这三招，从容面对中考

从前，我们形容高考是"千军万马"过独木桥，如今中考才是孩子人生的转折点。如果孩子没有过人的天赋，家庭经济条件也一般，父母本身也没有过人的本领，孩子考上重点大学最直线的路径是先考上重点高中。

在2021年的中考政策中，明确列出三点：

1.中职和普高的招生比例，大部分城市需要达到5∶5，也就是一半的初中生无缘高中。

2.禁止所有学校、机构招收初三复读生，也就是中考没有第二次机会。

3.中考不达标，只能去职高、技校就读，560分以下的初中生大概率上不了高中。

在现今中考机制面前，家长和学生都承受着巨大的心理压力,对未来感到迷惘和困惑,我们该如何从容地面对中考?成绩不好的孩子就没有未来了吗?如何为孩子的中考再拼一把?好成绩的孩子就可以高枕无忧了吗?根据孩子成绩的高低,我给大家三个应对方法,希望大家可以更轻松地面对中考。

成绩不好的孩子,让特长放光芒

我们前面也谈到过,培养孩子的特长可以弯道超车,作为体育特长生、艺术特长生另辟蹊径。现实中,只有小部分未雨绸缪的家长,能让孩子从小开始培养有效的重点技能,让孩子在成绩不好的情况下,多一条路可走。

大部分成绩不好的孩子,要到五、六年级甚至初二才意识到自己可能考不上普通高中。如果孩子的文化课成绩不在班级前40%,之前就算学过篮球、足球也表现一般般,或者身高不达标,没办法往职业运动员方向发展,那么,现在我再给大家4个逆袭技能项目,分别是散打、皮划艇、田径和足球守门员。

散打不同于武术,学习武术项目需要从三四岁开始学习,而且会大大地影响孩子的身高发育,像大家熟知的释小龙、王宝强就是从小在少林寺的武术训练中脱颖而出的。即使孩子到了五、六年级,甚至初一都可以开始学散打,经过正规的训练拿到职业运动员的证书,助力高考。

这里需要注意的是，孩子想拿到运动员证书，随便报个散打兴趣班是没有用的，孩子需要去本地的省级运动队，或者师从著名的退役运动员，或者去体育学院里开设的专门培训班，家长可以提前联系相关机构。如果真的不了解，可以问自己学校的体育老师，因为体育老师所在的圈子是有资源优势的，一般情况下，他们知道哪些机构靠谱，哪里有正规的培训教练，或许他的同学就是某个运动队的教练。

再说皮划艇项目，该项目对孩子身高有要求，男生要1.83米以上，女生1.72米以上，而且需要体力好，上肢力量强。学皮划艇的好处是，即使孩子到了十三四岁才开始学也不会太晚。也就是说，万一你初二才发现自己的孩子肯定考不上高中，孩子的身体条件合适，你还有一个弯道超车的机会。皮划艇还有一个优势，它是一个单人项目，单人项目比较容易出成绩，不同于篮球、足球这种团体运动，单人项目只需要你有毅力、有耐心，持续训练，拿到运动员二级证书是有很大可能性的。

如果你的孩子之前学的是足球、篮球、排球等项目，经常需要有氧运动，心肺功能不错，但是孩子一直表现一般，可以说继续练也不能成为职业运动员，甚至拿不到运动员资格证，那么你可以当机立断，让孩子开始训练田径项目。田径项目也是单人的，针对单独项目要求进行训练，通过长期的基础训练，可以逐步提高孩子的肺活量、协调能力和项目成绩，通过1~2年的勤学苦练，也有机会拿到运动员资格证。

大家都知道篮球运动员对身高要求很高，不少孩子学着学着才发现自己不可能长到那么高，这是一种硬伤，而身高是职业篮球运动员的门槛。面临中考，如何利用孩子的优势，让孩子发挥特长，拿到一张继续学习的入场券呢？让孩子从篮球转学足球守门员，既可以发挥孩子的球类特长优势，又比继续学篮球更容易出成绩和弯道超车。

我们前面一直强调童子功练习的重要性，但书是死的，人是活的。当一条道路走不通的时候，家长要心思活络，让孩子充分发挥特长，也不用沉溺于成绩不好的绝望之中，毕竟条条大路通罗马，让孩子的特长闪闪发光，也可以成就他的一生。

中等成绩的孩子，请成为一匹黑马

孩子的成绩好不好，从本质上来说，只是通过一张试卷定输赢，而且中考是淘汰制的，不要求你满分，只要求你比其他人考得好。重大的考试中，往往平日成绩最好的学生，并不一定考得最好，但成绩中上的孩子经常成为黑马。

为什么能成为黑马？因为他们没有尖子生那么大的压力，也没有差生那么绝望。他们心态更平缓，更淡定从容，而且通常黑马都有着超强的心理韧性。如果你的孩子成绩一般，也没有什么优势特长，兴趣爱好也学不出什么成绩，那么请一门心思好好学习，学好文化课，只要孩子心态稳，脑子清晰，发挥超常也是经常发生的事情。

具体的中考学习技巧，我就不在这里展开叙述了，但我认为必须死磕基础知识点，因为考试中基础知识点占据了的80%，剩下的20%是拔高的部分。学习没有捷径，就是一个知识点一个知识点地攻克，准备好错题本，反复做题，反复学习，自我纠正，当孩子能够掌握所有的基础知识点，而且做到不粗心大意，稳稳地拿到80%的分数时，他就有了稳操胜券的根基。

成绩中等的家长和学生可能会有额外的焦虑，因为他们正好卡在"五五分"的边缘，前一步是普通高中，后一步是考不上。在焦虑的驱使下，孩子明明体育或艺术天赋还达不到弯道超车的程度，家长和孩子却依然在这些方面投入精力，那结果就是两边都耽误了，文化课没学好，特长也没有足够长。最常见的是参加校内的运动队，孩子作为校队成员，参加各种院校间的比赛，我不否认参加体育项目和竞技会有所获益，但在校队里有不少孩子是替补或水平不太好的，其中能考出成绩拿到升学红利的只有那几个最出色的孩子。

如果孩子到了初二、初三，建议家长跟体育老师好好沟通，明确地询问老师，孩子继续训练是否能拿到运动员资格证，如果老师说机会很低，那么请先放下这些体育项目，作为兴趣爱好，锻炼身体就可以了。在中考之前，请一心一意地死磕文化课学习。

成绩好的孩子，保持快速成长

初中阶段，除了有中考这座大山，还有另一座大山——青春叛逆期。

成绩不好的孩子自不必说，成绩好的孩子也会进入叛逆期。对于这些"学霸"来说，他们的学习习惯基本养成，不用家长过于费心。但好孩子也有好孩子的包袱，他们心理承受的压力有时比差生更大，因为从小都优秀，是大家眼里的"别人家的孩子"，老师和家长，甚至他们自己都对自己期望很高，成绩稍微不理想，或者遇到某些难题，他们就会很容易消沉。考一次80分，对其他同学来说可能是正常的，但对"学霸"的打击则是巨大的。即使孩子成绩很好，考上高中没有太大问题，家长依然要帮助孩子快速成长，帮他们保持好的身心状态与精神面貌，培养孩子的意志力和抗挫折能力。

首先，必须给孩子建立规律的运动习惯，虽然孩子不走体育项目训练的路线，但是运动给孩子带来的裨益，是从内而外的。持续规律运动，可以让孩子有更好的精神面貌，释放学习的压力和负面情绪，建立更好的心理韧性，让他有超常发挥的可能性。

其次，持续给予孩子心理支持，如果能不住校就尽量不住校。叛逆期的孩子会主动疏远父母，如果孩子不住在家里，亲子沟通势必受到影响。家长每天主动关心孩子的心情，适时给予肯定和鼓励，对孩子来说是莫大的心灵能量。

对于成绩一直很稳定的孩子，要多关注孩子的心理健康，让孩子知道终身成长的概念——失败本身就是成长的过程，不要过于在意，不要因此而陷入自我否定。帮助孩子抛开"学霸包袱"是非常重要的。

最后，孩子的营养要跟上，不管孩子成绩如何，这只是人生的一个部分。营养决定了孩子的身体发育和体质健康，不少热门的专业都有身高、视力的门槛。营养和运动这两点虽然有点不起眼，但影响非常深远，家长必须做好孩子的后勤保障。

面临中考，父母也要管好自己。很多父母都觉得孩子必须考高中读大学，自己才有面子，甚至有家长不惜砸重金给孩子请名师、报补习班，就想让孩子考到好成绩。父母这种虚荣与焦虑的心情需要自我消化，而不是传递给孩子，让他本来繁重的学习压力更大，负担更重，甚至让孩子产生一种"考不好就辜负了父母"的心理。

父母要放平心态，才能更好地陪伴孩子向前迈进。

成绩不好，
不要强行读重点初中

民间有一句俗语，宁当鸡头莫当凤尾。什么意思呢？如果你有选择，在一个中等的圈子里成为佼佼者，会比你在上层圈子里当最后一名要强得多。重点初中意味着更好的师资、更有竞争力的升学成绩，与此同时，它也意味着更"铁血"的教育规则，更"内卷"的学习环境。

知乎上有个热帖，是一名超级重点中学毕业生的自述，他因多次轻生而中途休学。这个学生曾经是实验班前20名的"天之骄子"，但他依然扛不住，扛不住集体狂热情绪，扛不住每一分钟都被安排和被管理，他得了严重的恐慌症和焦虑症，多次入院治疗，即使考上了大学还没走出来。

这个孩子并不恨这所中学的老师，他曾经见到老师在办公室崩溃大哭后，依然调整好心情去上课的模样。他也不恨自己的父母，他看到父亲急得头发花白，母亲每天以泪洗面，始终陪伴他休学治病。他一边痛苦地想摆脱这一切，一边对大家说，希望大家都幸福。这样的一个孩子，让人痛苦，让人惋惜。

该中学的口号是"熬得过就出众，熬不过就出局"，这是从学校的视角来看的，学校考虑的是升学率，而不是每一个作为个体的孩子，但父母永远需要考虑自己的孩子。

不可否认重点中学的优势，但与之而来的是对孩子个人关注的弱化。大部分家长都希望把孩子送去重点中学，我的建议是顺其自然，如果孩子真的足够优秀，进到重点中学，他会如鱼得水，有更好的机遇。但是孩子本来成绩不好，又是普通家庭出身，想尽办法挤进重点中学，等待孩子的只会是更不友好的学习环境，除了极少数突然开窍的孩子，大部分成绩不好的孩子都跟不上重点中学的学习进度。

不同圈子的人，不可强融。现在的升学压力都集中在初中，中考比高考的压力更大，只有50%的升学率能上普通高中。公立重点初中里，成绩不好的孩子学习压力会非常大，因为重点初中的目标是让学生全部考上重点高中。

另外，不管在什么环境中，都是枪打出头鸟，第一名和最后一名都备受瞩目。从老师的角度来看，一个班上成绩好的同学会更受关注，成绩不好的孩子也备受压力。老师往往会更喜欢、重视学习好的孩子，这也是人之常情。当孩子学习不好的时候，考不上高中是一个结果，而在这个结果之前，他还要遇到各种令他感到痛苦的过程：三年初中生涯都不受老师重视，被同学忽视，甚至孩子有了表现自己的机会，也可能被拒绝，这样会严重影响孩子的身心健康。

初中的科目比小学多而难，语、数、英再加上理、化、生、政、史、地，孩子一天能匀出时间做好作业就不错了，还需要跟上其他好学生的进度，几乎不可能。就算孩子用尽全力挺过了第一个学期，第二个学期也会暴露出跟不上进度的问题。

有的老师比较在意升学率和平均分，可能还会私底下跟家长沟通，考不考虑让孩子转学，甚至还有老师建议家长，反正孩子考不上普通高中，就不要参加中考了，到时直接给孩子发初中毕业证书。

此处，我必须强调很关键的一点：孩子必须参加中考，不管能不能考上普通高中，都必须给孩子选择的权利。虽说只有50%左右的普通高中升学率，但剩下的50%的孩子还是可以进入职业高中，并不是默认孩子不能读普通高中，就必须出来工作了，只是让部分善于学习的孩子继续学习理论知识，另一部分孩子直接去学习技术和实践，以找到更好的发展路径。这是一个非常科学的政策，让孩子得以找到最适合自己的方向。

另外，因为初中的孩子正好处于青春期，这三年是从儿童变成少年的时期，孩子的身心会有一系列的转变，比如敏感、冲动、叛逆等。在这个特殊的时期里，如果成绩不好的孩子强行读重点中学，不仅承受着巨大的压力，还备受老师和家长的双重否定，心理健康问题会遭受严峻的考验，对自尊心影响很大。

如果孩子长期在高压的环境下生活，不仅影响食欲，内分泌失调，引发失眠，导致身体发育受影响，甚至会像前文的那个孩子那样导致严重的心理问题。

总之，对于成绩不好的孩子，我更建议去读普通的初中，因为学生的水平都差不多，经济条件往往也差不多。老师不会故意去忽视任何一个同学，也抓不了任何一个"典型案例"，大家都很平均，只要孩子品行上不太恶劣，老师大概率会一视同仁。

在这个氛围里，孩子该学习就学习，该点名回答就回答，该参加运动会就参加，任何活动，都有更均等的机会。你依然可以参加中考，顺顺利利地完成初中三年的学业。在这种宽松氛围下，孩子的心情愉悦，不用熬日子，自然地长个子，中考能考到多少分就多少分，尽力而为即可。哪怕读不了普通高中，进入职业高中、公立中专，也不失为一种发展路径。即使孩子暂时成不了才，但可以成人。成人之后，依然可以成才。

英语学不好，
转小语种一样行

我在前文简单提到过转小语种参加高考的方式，在此处，我给各位家长重点说一说。

英语转小语种的操作，基本上很少有人知道，而且它只适用于高考阶段，相关的政策规定，参加中考的孩子目前还仍需老老实实地考英语。英语转小语种，其实是一项人性化的教育政策，因为并不是每一个孩子都能学好英语，在一个班级里总有那么几个孩子，无论怎么背英语单词，无论如何学语法，甚至在课后参加培训班、辅导班，又或者买了大量的"英语学习指南"类的书籍，都依然学不好。

我曾经也是在学英语这件事上药石无灵的学生，这让我觉得，有些人可能就是天生对英语免疫的。

我从小英语成绩就不好，并不是我不努力，是我根本学不进去。后来我也反思了这个问题，为什么我就是学不好英语呢？其实，这种情况在我们现今的社会上并不少见，少数所谓英语好的孩子，靠的只不过是死记硬背，他们真的能用英语跟外国人顺利沟通吗？他们可以把英语作为一种语言运用起来吗？大多数人的答案都是否定的，不管是小学、初中，还是高中，我们学习英语只有一个目的，并不是用起来，而是在一张试卷上考个好分数。

孩子学不好英语，大可不必过于内疚，这件事存在着客观环境的局限。语言学习是需要环境的，英美等国的小孩随着父母跟他讲话，加上在身边环绕的各种招牌、广告、电视节目等文化氛围，自然可以用英语熟练地沟通对话。

再者，汉语的语言思维模式与英语截然不同。中文是象形文字，英语是一种拼音文字。自古以来汉语都是短小精悍的，以精练优美的诗词为代表；而英语则重结构，以长句居多。在发音上也有巨大的区别，汉语因为有声调，具备抑扬顿挫之音乐美；英语则以音节作为表达单位，有多音节结合等特点。汉语重语义，同音字很多，含义截然不同；英语重结构，在一个词根的基础上，用时态、后缀等变化带出不同的含义。

最后，因为时代的局限等原因，即使目前的外教增加，各种音频、视频资源日渐丰富，但在当前的语言学习环境下，依然不足以让学生具备无压力学好英语的可能。

有些孩子在语言学习方面是有天然优势的，就像有的孩子对理科特别擅长一样，这一点也让孩子在学英语这件事上拉开了差距。

回到正题，因为以上种种的客观和主观原因，促使高考英语转小语种成为可能，即使它一直很少为人所知。一般来说，高考转小语种的科目一般是日语、俄语、德语、法语、西班牙语，虽说是小语种，但它们大多都是联合国的通用语言，在国际交流场合经常会用到。需要补充的一点是，现在也有很多国外的孩子在学习汉语，因为国力和影响力的提升，汉语的地位也在不断提高。按这种趋势预测，未来英语科目的比重会进一步降低，能学会英语固然很好，就算孩子学不好英语，也不必过于纠结。

如果我们考虑的是孩子未来就业的问题，担心孩子学不好英语没办法融入国际化的企业中，这一点大可不必，因为人的一生都是一个动态学习的过程，"需要"才是我们最好的老师。如果有一天，孩子有机会，或者有需要运用英语，他会主动地进修，在那个更好的英语学习环境，他或许能学得得心应手，也更加有动力去学习。我有位朋友，由于工作的关系必须出国进行长期考察，她在一年之内恶补英语，竟达到了和美国人顺畅交流的程度，而她之前已经有十多年没有接触过英语了。

因此，不要过多地为还没发生的事情焦虑，先做好当下的就足够了。

学习英语的方式有很多，不再局限于跟着课本学习，比如在一、二线城市可以参加相关的组织，如英语角，或者英语沙龙活动，创造一个真正运用英语沟通的环境，在环境中学习一门语言。如果目前没有这种环境，也可以看一下奥斯卡获奖电影或好莱坞大片，这些高品质的电影不仅可以给你语言熏陶，还能给你美的享受，要先爱上一门语言和文化，才可能学好一门语言。

要是种种方式都尝试后，依然学不好英语，千万不要觉得高考无望。我自己当年高考也转了小语种，我学习的是日文，当时考到了137分，大大地助力了我考上武汉体育学院。为什么我要选择日文呢？

第一，因为我自己本身很喜欢看日本的动漫，当时的录像带也是日文版的，因此我算是有从小接触日语的机会。

第二，日文里有大部分的文字都是汉字，而且不管是在文字的形式还是语言的表达上，日文都和中文有共同点。中国小孩学习日文，比学习其他小语种有着天然的优势和便利。中国人学日文，就像英国人学法语一样，是一个文化比较相近，语法、语义有着共同点的同源语言。

第三，在日语考试中，选择题占120分，剩下的30分是作文题，难度比英语大大降低了。

我当年是在高一开始自学日语的，学习渠道也没有现在多，也几乎没有人学小语种，而且老师也不建议学生这么做，但是我当时的选择确实很正确，因为我靠着英语转小语种实现了我的大学梦。转小语种的具体操作方式，各个地方略有不同，但大体一致，有需求的话，可以提前查看当地教育官网上的政策规定。

弯道超车之逆向思维

授人以鱼，不如授人以渔。看到这里，大家应该慢慢发现弯道超车的底层逻辑：结合目前的升学考试规则，最大限度地发挥孩子的特长，走出一条不寻常的超车之路。我分享给大家的干货不可能覆盖所有的方式方法，因为每个孩子的状况不一样，他们可以走的路也不一样，但是核心原理是一样的，可以总结为两种方式：一是充分发挥特长，扬长避短；二是学会逆向思考，创造稀缺性。

我们再举例深入讲一讲，希望家长可以成为弯道超车的思考者，在各种问题和考验中，走出适合自己孩子的逆袭之路。与其不断地懊悔、担忧和焦虑，陷于无意义的精神内耗，不如主动思考孩子的弯道超车之路。

第一种方式：发挥特长，扬长避短

对于特长，很多人的观念是比较固化的，觉得只有体育、画画、钢琴才是特长。其实孩子身上的任何出众之处，都可以成为他的特长，比如身高特别高，相貌特别好，四肢特别修长，平衡感特别好，思维特别灵活等。

之前我在直播间连线过一位家长，这位家长非常焦虑，说女儿在读高一，成绩不太好，考上大学的希望渺茫，体育项目也没有练过，艺术特长也没有，相貌中规中矩，但她有一个特别的优势：身高有1.73米，在女孩子之中属于非常优越的身高。

我给了这位家长一个弯道超车的建议，让孩子去学服装表演专业，这个专业对身高有要求，女生要1.7米以上，男生要1.8米以上，属于服装设计和展示的专业，既可以发挥身高优势，也可以学到真正的手艺。文化分只需要考到大概280分，就能读到一本的院校。为什么这个看起来前途不错的专业分数门槛如此低？因为身高才是最大的门槛，选择这个专业，就是充分利用孩子的身高特长，实现了弯道超车。

父母要放宽自己的眼界和视野，如果一门心思地认为只有成绩好，只有考重点高中，才有机会考上一本院校，那么就不可能发掘到像服装表演专业这样的弯道超车方式。当我们的思维开阔了，选择就会变得前所未有地丰富。我们还可以进行超车技巧的叠加，比如上面的服装表演专业要求280分，而孩子学习成绩大概220分，那么把英语改成日语，是不是能填补这60分的差距呢？

我给大家讲弯道超车的目的，不是让所有人都在独木桥上挤，而是我们自行开辟新的赛道，一样也能让孩子迎来光明的未来。如果孩子想考服装表演专业，相关的培训渠道还是如我之前介绍的一致，不要随便报班，最好去了解相关专业院校的预科班，他们会提供专门的培训和咨询。

第二种方式：逆袭思维，创造稀缺性

我们都知道物以稀为贵，人多竞争大。如何自己创造稀缺性呢？一种是在新风口来临之前就涉足，比如在互联网兴起之前，程序员是默默无闻的，后来因为这一波热潮，他们成了高收入人群。另一种是反方向操作，男孩子踢足球的很多，女孩子却很少，女子足球国家队的队员常常供不应求。

现在女足俱乐部不足1万名会员，每年还在招收2000名新会员。目前中国女足人才非常匮乏，人才的稀缺性使成功的概率大大提升。一般的家长都希望女儿温婉文静，但在户外训练足球不仅会晒黑，还会导致腿部肌肉发达，并不是家长普遍能接受的。如果你在孩子小学阶段就发现她真的不擅长学习，怎么补课都没有办法，却很喜欢足球，那么你可以尝试让女儿学足球。

跟学习其他体育项目一样，女子足球依然是可以考国家一级、二级运动员证书，表现好的成为职业运动员，以体育特长生身份考体校。也可以参加单招考试，也就是各院校自主招生的考试，题目都相对简单，认真复习文化课，孩子就有书可读，不至于过早地接触社会。孩子可以在一个相对单纯的环境中学习和成长，这不正是家长们最基本的期待吗？

不管是常规的升学之路，还是弯道超车，这世界上都没有随随便便的成功，学习可能很苦，但练体育也很累，学艺术也不简单。有舍才有得，弯道超车不是捷径，这是一条同样艰难但可抵达的道路，愿每个孩子未来都能成为社会的栋梁。

5

初中生考不到理想的学校，该如何破局

提到中考，很多家长焦虑不安，担心孩子只能进入职业高中。事实上，即使孩子考得不理想，中考也并不是"筛掉"了你的孩子，而是让孩子充分认识自己的特质，找到更适合自己的道路。

中考之后，孩子也能够踏上一条属于自己的，并且拥有无限可能的上升通道。

中考来了，
孩子如何面对教育体系下的"丛林法则"

中考之后，有很大一部分孩子将进入职业高中，接受职业教育。这对我们来说意味着什么呢？大多数家长的第一反应是，孩子可能考不上高中，也读不到大学，这辈子就完了。其实，中考的规则并非增加了孩子升学的难度，而是增加了孩子升学的路径。

中考后，大约50%的孩子可以考上高中，继续进行基础教育学习，为考大学做准备。剩下近50%的孩子呢？他们考试成绩没有那么高，可以说他们并不擅长文化学习，可以去职业高中、中专或者技校学习，更早地开始投资自己的职业未来。

无论孩子考得是否理想，我认为家长们都不必为中考担忧，我们需要做的是看清形势，陪孩子走向一条更适合的道路。对普通高中和职业高中、技校的划分，并不是单纯为了让一半孩子考不上高中，它的存在平衡了年轻一代的多样化发展和社会人才缺口之间的矛盾。

说句实话，有的孩子拼死拼活考高中考大学，最后进入一所很一般的院校，专业一般，学校资源一般，毕业后竞争力也非常一般。若是这种情况，还不如直接去中专接受技能培训，再读全日制的大专，未来也能考职业本科和研究生。记住一点，只要你有大学梦，现在的升学途径是绝对支持你不断提升自我的，现有的升学模式没有堵死你的大学路。

大家应该都耳闻过德国的"双轨制"教育吧？作为国际制造业龙头的德国，他们依靠双轨制来为国家供应人才，在这种教育资源配置下孕育出闻名世界的"德国制造"。德国的双轨制教育实行得更早，小学以后根据孩子的才能，让擅长理论研究的孩子读文理中学，以后考大学；动手能力更好的孩子读实科中学、主体中学，以后进入职业学院，培养成技术系人才。

中国作为制造业大国，正面临着巨大的技术型人才缺口。《中国制造2025》数据显示，2025年我国制造业人才缺口率高达48%，将近3000万人才缺口涉及十大领域，包括新一代信息技术产业、高档数控机床和机器人、航空航天装备、海洋工程装备及高技术船舶、先进轨道交通装备、节能与新能源汽车、电力装备、农机装备、新材料、生物医药及高性能医疗器械等。

作为理智的家长，看清形势，所有的稀缺都代表着机会。

目前"中国制造"向"中国创造"转型，过去在工厂上班或许会被很多人瞧不起，因为从前的技术工人收入低，工作环境恶劣，而且岗位含金量不高。现在的工厂车间流水线都智能化、机械化，环境和管理也变得更规范和现代化，高级技术人才是备受尊重的岗位，而且收入也水涨船高。

2020年上海的调查显示，上海技术型人才的收入水平比普通管理岗高出11%～37%，也就说坐办公室的人，很多并没有在工厂打工的人收入高。"30万年薪难找一名高级技术工人""研究生好找，好钳工难求"，这就是现在中国就业市场真正的现实。家长不要认为职中和技校低人一等，只要孩子自身业务能力强，未来的成就不可估量。

为什么高级技术型人才稀缺的同时，满大街的大学生找不到工作？因为大学生之间同质化竞争过大，一个萝卜一个坑，那些被视为铁饭碗的岗位早被别人填满了。退一步来看，如果每个人都只盯着那么几个光鲜亮丽的职业，每个人都只想去当医生、律师、老师、公务员、警察，那么这个社会如何运作呢？孩子自身的天赋和才能如何施展？要知道，人只有在热爱且擅长的领域才能真正发光发亮。

我们不能用当下的狭隘认知来评估孩子未来的发展可能性。进入职业高中并不丢人，丢人的是父母不能理解这种政策，不能放下所谓的面子。那些看似体面的工作岗位，实际上竞争非常激烈。我们要拥有大局观，而我们说的大局观，并不是要求家长和孩子抱着"舍生取义"的牺牲精神来读职高和中专，相反，我们应该看见技能学习的前景和未来，以及未来人才缺口带来的机遇。

假如你的孩子不适合传统的升学路径，习得一门感兴趣的技能，从基层做起，学真正有用的技术，也不失为一个好选择。不管是读大学，还是读大专，在社会上最终还是拼业务能力，而不仅仅是一张学历文凭。

在中考这件事上，家长的心态要先调整好。家长不要认为孩子考不上高中就低人一等，也不要认为孩子没有未来，把焦虑感和自卑感传递给孩子。新的《职业教育法》告诉我们，职业教育的地位已经得到了提高，我们必然会比以前更加重视职业教育的发展，职业教育与普通教育是完全平等的，待遇也会得到提升。我们要拥抱时代的变化，把握时代的机遇。

另外，我国职高和中专学校的教育质量在提升。曾经，很多家长担心职业高中和中专教不了孩子有用的本事，而且担心学校氛围不好，容易让孩子学坏。随着时代的发展，国家非常重视技术型人才培养，于是加大了职业高中和中专的资源倾斜力度，这些学校的安保愈加严格，学校氛围也比以前好很多。另外，职业高中也是因材施教的，如果你的文化课成绩不错，也可以进入专门安排去参加普通高考的火箭班；技能综合能力好的孩子，则可以走技能高考，参加全国技能大赛，成为储备人才；如果孩子文化成绩不好，专业项目特别好，可以去参加高职单招考试。

各位家长，当你读到这里的时候，我想再告诉你一个事实：不在乎什么专业、什么学校，天黑了还会亮。不要过于在意面子，我们培养孩子，既要考虑孩子的自身发展和未来，也要考虑为我们的社会做出贡献。难道你身边没有专科生，没有大专生吗？他们现在过得怎么样？大多数还是生活得很好的，我身边的很多大专毕业生，以及没有念过大学的朋友，也都顺利地结婚生子买房，都走出了自己的光明未来。幸福靠的不只是一纸学历，靠的是对生活的热诚，靠的是勤劳的品质。

国家拥有各种类型的优秀人才，才能稳定繁荣地发展。职业不分贵贱，行行都可以做出一番非凡的成就。

如果孩子考不上高中，
必须提前知道的四件事

前面，我们已经讨论过中考后增加职业中学这个升学通道的意义，也解决了家长们的焦虑问题，现在我们要做一些扎实的准备，了解一些具体的事项，让孩子在中考这个关键节点上少走弯路。

第一，我们仍要设立一个基本的底线。

孩子一定要参加中考。在学校里，绝大部分的老师都把学生当成自己的孩子一样，尽心尽力地教导，希望学生能有更好的未来，但也不排除有个别别有用心的老师，为了一些蝇头小利,让孩子掉入陷阱里,因此,家长和孩子应该提升自己的分辨能力。

为什么我一再强调孩子必须参加中考?因为孩子考不上普通高中,不代表他考不上职业高中、中专和好的技校,这些公立的院校一般师资都很好,学费也不高。不过,这些学校也是需要中考成绩的,一旦不参加中考,你就没有机会了,就算你想去读技校,好的技校也要看中考分数,分数高的学生优先录取。

我读初二时成绩很差,我的数学老师强烈建议我放弃中考,直接去私立技校。但我妈妈说:"是的,我的儿子考不上高中,但不代表我的儿子不能去读中专。谁说中考一定要考高中,不是还能读职业高中和中专吗?如果我的孩子不参加中考,你能让他去读中专和职高吗?你不能!"

我的妈妈"一顿反问猛如虎",老师哑口无言,那一刻我真的觉得我妈妈帅呆了!因为她守护了我的未来,她没有因为我成绩差而以我为耻,她依然觉得我的未来充满可能,也正是因为我的爸爸妈妈从来不放弃我,我才能成为今天的自己。

所以,我给大家的第一条建议是:孩子必须参加中考,职业高中和中专也需要分数,不然你的孩子要么失学,要么只能读私立院校。部分私立院校不合规的,不仅收费贵,而且挂羊头卖狗肉。我们一定要注意分辨,别让不法分子钻了空子。

第二，不要盲目地寻找捷径。

当孩子成绩不好的时候，除了老师，还会有各种各样的人出现，给你提供各种各样的捷径和"情报"。有些人会告诉你，考不上高中，还有成人自考、网络大学、电大等学习模式，不一定要去读职高和中专。当然以上提到的进修方式，确实是国家承认学历的正规渠道，也并不是必须反对这种模式。不过，这是那些没有选择的社会人士的进修选择，如果孩子明明可以上全日制的职高和中专，跟同龄人在一起学习，则没有必要早早地脱离校园，用这种费用高、又要求自学、学习难度极大的方式来提升学历。

当然，劝导你的这些人也不一定是心怀恶意，他们很可能只是出于好心，但缺乏这方面的认知。

第三，主动收集信息，了解适合孩子的路径。

如果孩子考不上普通高中，家长一定要提前主动联系学校，而不是完全放任不管，错失机会。孩子如果要读职业高中或中专，需注意的是，孩子只能在户籍所在地读书，比如你的户籍是武汉的，就不能去北京读职业高中或中专，你只能在武汉市的职高或中专院校就读，这是目前教育制度规定的。如果有人跟你说，可以去隔壁市就读，那就是私立学校，并不是公办的职业高中。因此，必须提前了解所在市有哪些好的职业高中，或者了解本市"五年一贯制3+2（3年中专+2年大专）"的大专，看看他们的招生要求。公办的好学校信息都需要提前打听，家长要做到自己心里有谱，不能见一步走一步。

第四，家长一定要知道，好的学校不会主动来找你。

如果到了初三，有陌生来电给你推荐学校，问你要不要考虑去就读，一定要慎重。这些电话大多数是中介打过来的，会劝孩子别参加中考。孩子年纪尚轻，分不清利弊，学习不好也让他深受压力，这时告诉他不参加中考也能读书，很容易被蒙骗，觉得这是最好的安排，有的孩子甚至会为此跟父母吵架。虽然这种情况是少数，但如果有这种情况，家长一定要了解好原委，给孩子做好思想辅导工作。

中考金字塔：
考不上普高，3+2是首选

如果有人问你，你都考不上清华北大，你为什么还参加高考？你大概会觉得这个人不可理喻。但很多人都陷于同样的误区：考不上重点高中，中考就没有意义。

产生这种认知偏见，很大原因在于信息的不对称，你之所以觉得没有选择，是因为你不知道还有什么选择。过去，人们关心的只是高考，所以对于985、211、一本、二本、大专这些院校都非常了解，其实中考也有对应的教育体系在支撑。

让我们来梳理一下中考金字塔！

中考金字塔：750 总分

· 重点高中 600 分以上

· 普通高中 500 分以上

· 五年一贯制 3+2 400 分以上

· 公立职业高中 350 分以上

· 公立中专 250 分以上

· 私立中专 180 分以上

· 技校 100 分以上

【以上数据参考某年某地区的分数段】

首选五年一贯制

我们从上往下看，如果考试分数线在普通高中以下，第一顺位是五年一贯制，需要成绩达到 400 多分，才能有机会入学。为什么我反复推荐孩子读"五年一贯制"呢？它的学制很单纯，不复杂。在职高和中专里还分什么就业班、火箭班，套路很多，防不胜防。打个比方，就像你拿了 10 万元去银行存钱，柜员给你介绍理财方式和保险，到最后很可能你发现钱取不出来了。

五年一贯制相对来说对孩子的前途是最有保障的。3+2模式是三年的中专加两年大专，这五年都是在正规的大专院校里面读，在师资和学习环境上，就优胜于其他的职高和中专。

另外，孩子读完五年刚好20岁，他已经是个思想、心智成熟且有一技之长的成年人，他可以去就业，也可以直接考专升本。

如果你发现孩子成绩比较悬，就得提前去联系3+2的院校，去了解有哪些好的专业和具体的情况，而且依然需要注意，五年一贯制只能在本市就读，不能跨地区。

虽然很多人都不知道五年一贯制的好处，但好的学校多少都是有竞争的，家长懂得未雨绸缪很重要。

职高里的班，别挑花了眼

第二顺位是职业高中，需要350分以上。职高有公办的也有私立的，我个人更倾向于大家读公办的职高，各方面的套路会少一些。

公办学校是国家开办的，不以营利为目的。而私立学校的最终目的就是盈利，它追求升学率，需要把数据做得很漂亮，当然，也不排除有很多师资和师德都优秀的私立高中，但对于一般孩子来说，能读公办职高，就优先读公办的，这样决策成本低一些。

进入职高以后，你会发现，职高分设了很多班。不同于五年一贯制的安稳，职业高中是一个过渡性的属性，这样的学校里通常也会设置"高考火箭班"，是以帮孩子考上全日制本科为目的的，跟普通高中学习的内容差不多，以文化理论学习为主。

还有一种是特长班，比如，体育特长生可以凭国家二级运动员证书参加各地体育院校的招生考试，只要求有中专或者职高的学籍就可以参加考试。另外，还有艺术特长生，通过特长走单招考试，也是可以考本科院校的。

此外，技能高考班的孩子主要学习专业技能，通过职业技能去考职业技术学院，这是考大专类型院校的途径。通过职业技能单招考试进入大专院校也是个选择。

另外，还有高职单招班，这是针对那些成绩一般，但是身高或者长相特别优秀的孩子，或者有某些出众的技能的孩子，比如女孩子身高1.68米，长得五官端正，气质好，就可以走高职单招考试，去选择最适合自己的专业。

最后是我最不推荐的一类班——就业班。很多人觉得，孩子成绩不好就干脆早点就业，于是糊里糊涂选了就业班。其实这种就业班往往含金量并不高，有些学校的就业班教的技能也不是专业核心技能，可能才学一年半载，就把孩子推荐到工厂和汽车店里做工人或者员工，之后就要看是否有靠谱的师傅带了。如果遇到不靠谱的师傅，也不会认真教孩子技术。我堂妹就读过这种私立学校的就业班，上课就是直接跑到工厂里面去当苦力，也没有学到什么有技术含量的知识，有苦难言，也不能半路辍学，毕竟你还需要拿到毕业证书。

中专和技校

这里需要提醒的是，职高和中专也是有区别的。若你的孩子有职高或者中专学历，后续都可以有机会考大学。像火箭班、技能班、就业班之类的，职高有，中专也是有的，但中专大多数都是重点培养专业技能，并没有职高那样的升学压力，老师往往不那么在意升学率。所以，如果孩子的成绩考不上职高，到了中专，父母一定不能放弃孩子，最好是持续地为孩子规划升学计划，让孩子能够有机会考全日制大学。虽然我一直强调，不读大学也并非没有出路，但至少我们家长要让孩子长大以后有选择的权利。

在中考金字塔底层的是技校，只需要考100多分就可以上了。在750分的总分中，拿100多分并不是什么难事，基本上每个孩子都可以拿得到。这就是为什么我一直强调，必须参加中考，因为参加了中考，孩子就必定有书可读，不管是"五年一贯制"，还是职高、中专，或者是技校，都比孩子年纪轻轻就进入社会上要好得多，这也是为了保护孩子的前途和未来。

即使你的孩子现在成绩很不好，而且也没有奋发向上的态度，但家长们千万不能放弃。很多成绩不好的孩子，特别是男孩子，过了十四五岁的叛逆期后，他会自己开窍，忽然有了学习的动力，这种情况太常见了。如果那时，他还在教育体系内，尚且有发愤努力的渠道和方式。如果让孩子早早就放弃学业，那不是抹杀了孩子的前程吗？所以，父母一定要为孩子的未来保驾护航，无论如何，中考之后一定要让孩子继续读书，学文化知识也好，学技能也好，总会成为孩子未来的垫脚石！

学习成绩不好，
私立高中能不能读

在中考这座大山面前，除了真刀真枪地去拼分数，或者拼特长，其实还有一个选择，去读私立高中。私立高中的高收费，大家都应该有耳闻，读三年花几十万是很正常的。

很多家长都问过我，让孩子去读私立高中算不算好的选择。我们很难一刀切地去评价私立高中好还是不好，因为的确有很多很好的私立高中，那些有口皆碑的私立高中，为了学生能有更高的升学率，师资队伍非常优秀，在教授文化课的同时，也在校内开展特色兴趣班教学，培养孩子的兴趣特长。

但我们也要知道，有的私立高中教学质量一般，管理也一般，他们面向的是那些成绩垫底的孩子，是他们的最后一根稻草。不过，这类型学校还是极少数，因为升学率不好的私立学校很难活下去。

那么，你的孩子可以选择私立高中吗？这个问题需要结合家庭和孩子的实际情况来思考。如果家庭富裕，几十万元的学费和生活费支出不足挂齿，孩子的成绩又考不上普通高中，那么读个好的私立高中，确实是个不错的选择。如果是普通家庭，没办法轻轻松松地拿出几十万元，而孩子也对学习没有多大的兴趣，成绩还很差，那我们就可以再展开来思考一下，综合考虑各项信息，进行决策。

我之前遇到过一位单亲妈妈，她独自抚养孩子长大，孩子的成绩离普高线很远，但她认为读中专很丢人，于是把家里的房子卖掉，得了30万元。她跟孩子租了个房子住，四处托关系，预交10万元学费让孩子进入了一家不错的私立高中。

孩子去了私立高中后，听说特长生可以加分，就很想学音乐，于是妈妈陆陆续续花了4万元给孩子学钢琴。孩子的英语也不好，听说转小语种有助于高考，又花了2万元上日语学习班。私立高中的学习节奏很快，老师也很严厉，孩子的成绩在初中就不好，到高中也一直没有跟上，每次考试都垫底。后来，孩子学钢琴学得也不好，日语也是"半桶水"。孩子在学校里被嘲笑，脾气一上来就跟同学打了一架。在高二时，孩子被学校劝退了，17岁无学可上，妈妈的钱也砸完了，孩子的前途渺茫。

这位妈妈万念俱灰，房子没了，孩子也没有读好书，竹篮打水一场空。花了那么多钱，结果孩子还是没办法融入学校。其实，这到底是"圈子不同，不能强融"，就算爸妈花光积蓄解决了学费的问题，孩子在私立高中里也会跟其他同学对比，衣食住行都比不上别人，再加上成绩不好，内心肯定自卑。私立高中的老师压力非常大，他们的工资往往要跟学生成绩挂钩，如果孩子成绩不错，那就还可以，但如果每次都垫底，个别狭隘的私立老师，可能对你就不会有啥好脸色了。所以，如果孩子学习成绩不好，家里经济条件也不好，我的建议是不要强行让孩子去读费用高昂的私立高中，这真正的是花钱买罪受。

相反，我也见过非常理智的家长。他们家庭经济条件确实一般，但他们能认清现实，孩子考到中专，就循规蹈矩地去学习，选个务实的专业，比如中医理疗、兽医之类，读完三年中专以后，有一门不错的手艺。如果成绩好，还可以尝试去考大专、本科。如果成绩一般也不喜欢读书，孩子可以出来工作，在社会大学里学习，边工作边实践，继续提升自己的一技之长。

我想表达什么呢？我的观点是，普通家庭的孩子，如果考到公办的"五年一贯制"，或者职业高中和中专，就尽量去读。因为孩子是按成绩高低被录取的，他去到的院校是跟他自身的水平相匹配的，他不会出现成绩跟不上的情况，不会因强行进入费用高昂、师资力量好的私立高中而受到巨大的压力。他可以在一个相对友好、舒适、与自己相匹配的环境里学习和成长。

如果私立高中的费用对你的家庭来说九牛一毛，那么问题不大。如果你必须砸锅卖铁，牺牲现有的家庭生活质量才能供孩子上私立高中，那我觉得大可不必。不要以为你的牺牲就是伟大。对孩子来说，家里为了他倾尽所有，也就是把所有的压力和希望都放在他身上，那重负是让人窒息的。如果让孩子踏踏实实地读公办中职学校，省下来的几十万元也可以投资孩子的未来，估计发挥的作用会更大。

最后要说的是，孩子在私立高中是没有退路的，唯一的目标就是考大学，如果半途成绩不好有可能被退学，或者被冷遇、被老师放弃，孩子没有其他选择。但是在职高和中专，孩子除了学文化课，还会重点学一门专业，就算孩子不考大学，他依然能收获一个本领。

打个比方，你的孩子学口腔医疗，就算做不了口腔医生和护士，他还能去牙齿模具厂当业务人员，要知道这个领域是一个蓝海，而且还真的需要有专业知识的人才能胜任。所以，学技术进可考大学，退可掌握一门生存的技能，而且学费还非常低，几乎还不到一些私立高中的零头，对普通家庭而言，何乐而不为？

很多家长坚持让孩子上私立高中，表面是为了孩子的未来，但心底里是因为自己在否认职高和中专，觉得孩子不上高中很丢脸。这个时候，家长就应该好好地反问一下自己，究竟是面子重要，还是孩子的未来重要？希望每位家长都能从实际出发，做出最有利于孩子的决定。

选对专业，
一手烂牌打出王炸效果

如果孩子的成绩只能去读中专和技校，请家长们千万不要灰心！你的孩子才15岁，真正的决定命运的时刻都还没到来，中考不足以论人生的成败。进入新学校后，赛道变了，成绩不再定输赢，一切靠业务能力说话，说不定这才是你孩子的真正舞台。那么如何让孩子在这三年里逆风翻盘，很关键的一点是先把专业选对！

首先，记住一点，那些听上去高大上，感觉很有"钱途"的专业，不建议孩子选择！

像计算机、金融、会计、酒店和旅游、中小型企业创办与经营、市场营销、管理、电子商务等专业，虽然听上去很不错，但在中专或者技校里读这些专业，只能学到皮毛。就算是本科生读这些专业，如果不是211、985这类重点院校，他们大学毕业也很难找到非常满意的工作，很多人都要继续考研来增加应聘的筹码。试问，你中专选择计算机专业，出来之后哪个互联网大厂会请你呢？

所以，我们最好是稳打稳扎地选择一些务实，接近民生，与人们的衣食住行息息相关的专业。哪怕学得一般，也能让你养家糊口；学得好可以自己创业经营，学到顶尖成为这个领域里的专家，一点都不会比那些读本科出来的大学生逊色！

具体来说，我为大家推介以下8个专业，大家可以结合孩子的兴趣特长来进行选择。

护理：受人尊重的白衣天使

如果家庭环境一般，身高和相貌也普通的女生，学习护理是一个不错的选择。从供求情况来说，是目前人才紧缺的岗位。护士是对社会有正能量价值的辅助性角色，能够普遍得到社会各界的尊重。学习护理专业，还能掌握简单的医学知识，懂得应急处理某些突发情况，能够帮助自己和家人保健身体，这个职业带来的社会价值属性很高，而且会给人一个良好的印象。

我的一位同学，她读了五年一贯制的护理专业，毕业后在武汉市人民医院当护士，表现一直很好，还升了护士长，后来跟一个医生结婚，生了一双儿女，现在过得很幸福。这是一个没有背景的普通家庭女孩，凭着自身的努力和学习，收获美满人生。当然，我不是说让所有女孩都去学护士，但这是一个可行的选择。

幼师：环境单纯，心情愉快

幼师属于教师行列，主要打交道的对象是孩子，工作稳定，也是属于有社会地位的职业，因为你承担了教育孩子的职责，家长对你都是尊重且笑脸相迎的。幼师的工作虽然有些累，工资也不算很高，但是它的职业附加值很高，对一个人的锻炼机会也很多。

我曾经说过，一个人的成长是在工作以后持续进行的，幼师的工作能够接触到很多不同类型的家长与孩子，能够在跟人打交道的过程中提升自身的能力。

当你把幼师方方面面的能力精进到极致，从幼师转型到办培训班是一件水到渠成的事情。如果你有足够的能力和兴趣，幼师只是一个职业的起点，而不是终点，我们要看到发展的机会和可能性。

铁路乘务或空中乘务：见多识广，制造机遇

如你的孩子没有明确的理想，也没有什么过人的才艺，但身高、外貌出众，家长可以鼓励孩子尝试铁路乘务和空乘。或许你觉得乘务工作就是服务业，但能够与人直接打交道的工作，都蕴含着很多机遇。

作为乘务人员，他们有机会到不同的地方，见识不同的风土民情。在火车上、飞机上也能接触不同圈层的人，假如孩子足够出众，比如服务态度很好，或者办事利落，甚至还有机会在旅途中遇到自己的伯乐，找到新的机遇。

另外，实打实的乘务工作是稳定的，而且不需要耗费太多心力，一个人见多就能识广，读万卷书不如行万里路，当孩子没有特长的时候，去看看更多的人生百态，看看更多的地方，不失为一个很好的选择。

冷链物流：顺应趋势，把握机会

冷链物流技术，跟我们的生活很贴近。你可以把它视为外卖的升级版。现在的物流行业有多重要，相信不必我来解释，它成了现代人生活的必要组成部分。冷链物流的技术员需要技

术含量，不是谁都可以做的，你如果掌握了核心技术，未来和前景就不言而喻了。

畜牧兽医：贴近民生，发展机会多

除了当兽医或者当养殖技术员，还能自己开养殖场，有了一手货源，从养殖的原点出发，会发现机会无穷无尽。

中医运动康复：健康产业正在蓬勃发展

现在的人们越来越重视健康，健康经济已经在起飞了，我们步入全民运动时期。运动康复将会成为一个非常热门的行业。不管男生还是女生，有了这门手艺之后，如果能获得很多客户的认可，自己另立门户当个小老板也是有机会的，生活和事业都能更上一个台阶。

口腔医学：国情条件下的蓝海

口腔医疗依然是未来一个持续兴旺的行业。口腔医生早就成为最抢手的职业之一，口腔医疗的利润和行业发展前景也极为可观。虽然中专文凭不足以成为医生，但如我上面说到过的那样，学会基本的技术，在这个行业里持续发光发热，比如做个牙齿模具的业务员。如果你个人的学习能力很强，一心想当牙医，也可以去参加专升本，本科之后再考研究生，未来在私人诊所当牙医也是有可能的。

医疗器械与操作：有技术的业务员无可取代

  大家发现我的思考模式了吗？我们如果是以传统的方式去就业，很可能拼不过同样专业的本科生，但是我们退一步，作为拥有专业知识的服务型角色，就可以比很多没有行业背景的人优胜很多。

  医疗器械与操作也是同样的道理，医疗器械是供销到医院和大型诊所里的。通常业务员不仅要介绍器械，还要有医疗常识，能够示范如何使用，器械卖出去以后，他还需要持续提供技术支持和维护。医疗行业是有知识门槛的，但也是一个刚需行业，这个专业也是可以考虑的。

  我为大家罗列了8个发展前景不错的专业，可能你的第一反应是抗拒，但我们要考虑的是孩子切切实实的发展前途，选择适合的专业比所谓"好的"专业重要多了。

　　当然，以上只是我的一些列举，好的专业远远不止这8个。时代在变，风口也在变，所谓的好专业也会不断涌现。如果一个专业是朝阳产业，契合孩子自身的气质和条件，能让孩子用正能量的方式链接更多的人与资源，那就是好的专业。所谓的逆风翻盘，就是做别人做不了、想不到或不愿意做的事，亲自在杂草丛生的路上走出一条大道。

给中专生家长的一封信

作为中专生的家长,我相信你此刻的心情是百感交集的,一方面惋惜孩子读了中专,一方面庆幸孩子仍在校园之中。读中专意味着什么呢?中专很可能是你孩子校园生活的休止符,大部分的中专生毕业后就直接进入社会,参加工作。

虽然我常说中专、职高毕业的孩子都可以通过单招考试和高职扩招等途径考大学,但实际上,很多中专生都没有继续读书。在中专校园里,孩子的发展路径和常规目的就不是升学。中专里的老师和校长也是遵循这种方式去培养学生的,教学生一技之长,让他未来可以在社会上立足,并不会专门培养孩子的文化理论。

中专学校就是一个迎来送往的中转站,它不需要追求升学率,来一批孩子,就送走一批孩子。说白了,老师和学校对孩子的学习结果并没有责任，是成才还是成虫，只能看孩子自己的造化。

除此以外，中专里还有其他隐藏的"生态链"，当孩子入学后，就会从各种途径接触到夜大、电大函授、成人大专等所谓提升学历的"捷径"，这些渠道大部分是有利润驱使的。

这些都是国家承认的学历提升方式，但它们的含金量低，远远比不上全日制大专本科来得有竞争力。所以，我要为所有中专生的家长写下这封信，希望你的孩子未来可以走得更远，飞得更高。

我希望你不要掉以轻心。孩子离家读中专，很多家长也开始放飞自我，享受生活。但现在还不到时候，你的孩子还需要你持续督促和关注，才能持续走在正轨里。

家长要"跟踪"孩子的日常。大家都知道中专里大部分是成绩不好的孩子，他们往往比较顽劣，甚至作风不好。家长必须关注孩子的日常情况。首先，思想不能学坏，不要跟那些社会混混玩在一起。另外，家长得留意孩子的安全问题，校园暴力行为是需要警惕的，父母要成为孩子诉说烦恼和疑问的对象，保持跟孩子的紧密沟通，这也是对孩子的保护和支持。

如果你的孩子要参加单招考试或者高职扩招，需要提前学好语文、数学、英语和政治这四门课，从中专二年级就要准备起来，为以后的考试做准备。因为到了中专的第三年，大部分孩子都要去实习，有可能去好的单位，也有很艰苦的单位，好多孩子都被送去厂里拧螺丝，或者从事类似的低级重复性劳动，说白了学不到什么，只是作为免费劳动力被消耗。

如果你的孩子决心要继续考大专，我在这里给大家一个实际的建议。父母跟实习单位的主管好好沟通，把孩子在工厂里拧螺丝的时间用来备考，让孩子宝贵的时间花在最有价值的事情上。

单招考试，一般是在春季举行的。如果孩子的成绩一般，我们不要一心选什么好学校，我们要反其道而行之，不去看省会城市里的好院校，专门去看县城里的小学校，比如你在武汉的话，就去看看仙桃、钱江里的大专院校，假如你在广东的话，不要只看广州的好学校，也可以去惠州、韶关等城市寻找机会。因为这些比较偏的地方的院校每一年招生都是招不满的，几乎只要报名就能入学（具体的调查功课，家长要提前去了解）。也就是说，如果孩子成绩一般，又没有突出技能和优势，先保障有书可读，这是更为重要的，因为上了大专还能专升本，等你有高一级学历证书以后，也不会有人在意你的大专是从哪个学校毕业的了。

在"人均大学文凭"的今天，学历虽然不能代表什么，但它确实是进入好企业好单位的入场券。为了避免你的孩子止步于中专，我们得为他的人生提前做更多铺垫，请各位家长认清形势，持续陪伴孩子打赢这场硬仗。

中考100多分的孩子，
也能逆风翻盘

当孩子中考100多分时，你们面对的是怎样的局面？很多家长和孩子会觉得这简直是"地狱开局"。

如果你们已经顺利跨过在中考前被劝放弃中考，以及提前报名私立院校等坑，结果现在拿着100多分的中考成绩，该如何思考孩子的出路？

走到了这一步，父母要认清事实，接受事实。基本上250分以下的孩子是无法进入公办中专的，我们可以选择的只有技校或者一些私人院校。如何去判断这些学校靠不靠谱，我就不在这里叙述了，现在信息很透明，大家尽可能地去了解资料，从各种"过来人"的口中收集信息。

要让孩子有继续读书的机会

我们重点来讲一讲孩子未来的路要怎么走。很重要的一点，孩子不能放弃学习，因为初中毕业才15岁，就是去打工也不够年龄，而且孩子的心智还没成熟，很容易被社会环境影响，因此我们要让孩子继续读书，读技校比不读书强。

孩子在技校里，60%的时间是学技术，40%的时间要学文化理论，也就是说在技校里面读三年，孩子不仅可以顺利地过渡到18岁，还能掌握点基础技能。到了18岁，孩子直接到相关的岗位上跟着师傅实践，一步一个脚印地去学习，坚持十年以后，你的孩子如果足够勤奋，也有一定的天赋，已经可以成为这个领域的专家了，甚至可以自立门户。那时，他还不到30岁。你敢说，这条路不比某些在大学里混日子，毕业出来以后什么都不懂，只拿着一张文凭的人更有竞争力吗？

选择"硬"实力专业，掌握靠谱的一技之长

那么，读什么专业呢？尽量让孩子学一技之长，但专业的选择上，应该区别于我上面说到的中专专业，到技校学习要选择更"硬"实力的专业。这些专业可能在生活中不起眼，但实

际收入不错，而且人才需求很大。不妨去了解一下某些相对冷门的专业，可能甚至没被纳入公立院校的专业里，但依然可以让孩子过得风生水起。

举个例子，我之前考了飞机驾驶执照，我也因此接触了机务这个职业，机务其实就是做飞机维修的。我接触过两位机务，其中一位当年读的就是技校，现在月薪2万多元。机务的工作也不劳累，主要是飞机的常规检查、报航线，判断天气条件是否适合飞行，每次飞行之前都需要机务签字，飞机才可以起飞。另外一位机务是大专生，刚毕业的小伙子，月薪也能达到17000元。

这个案例给我们的启发是什么呢？技校不代表没有前途，不代表只能进厂"拧螺丝"，选对行业和圈子很重要。如果选了汽车维修，而不是飞机维修，那么工作的场景和待遇就完全不一样了。很多孩子学习不好，都被推荐去做汽车维修和美发，当然这也是挺好的出路，但我们的思维还可以更开阔一些。

现在的年代，不怕嫁错人，就怕入错行。如果可以，让孩子尽量向高端圈子靠拢，即使去做那些圈子里的基础岗位，像航空产业里，我们做不了机长，但可以修飞机，或者当空乘，这些基础岗位待遇也不错。另外，由于学历问题去不了民用航空系统，但是可以在通用航空里发光发亮，现在私人飞机、直升机也是需要机务维护的。

与此同理的专业还有许多，比如现在非常火热的医美行业和新能源行业。从前大家对医美的认知都是整形，现在慢慢转变为很多女生甚至男生的日常护肤和维护。做医美是需要专业人士的，目测在未来的10年依然是抢手行业，而且从事这行还能接触到优秀的客户人群，成为自己人脉资源的一部分。

我们要有前瞻性，关注社会发展趋势，看见未来，才能做好选择。像新能源行业已经显露出强劲的竞争力，电动汽车在慢慢取代燃油车，虽然一切才刚刚开始，但这就是未来的趋势。我们要看到发展走向，如果你的孩子喜欢汽车，那就去学新能源汽车维修，而不是去学传统的汽车维修，才有可能获得更多的风口红利。

用开阔的眼光看待职业

另外，我们可以尝试更开阔地看待一个职业和技能。有时，学烹饪不一定去饭馆当厨师，你可以去开店，也可以在直播平台当美食博主，只要你技术过硬，这个时代永远都有出人头地的机会。

大家都知道，我的本职是大学体育老师。直播和做短视频，严格来说并不是我的主业，而是我分享干货的渠道，但是随着我分享的内容获得大家的认可和喜爱，短视频和直播分享为我带来了很多机遇，包括现在为大家写这本书，也是短视频带来的机遇。

我们可以从优秀主播的身上看到一些所谓"成功"的共性。首先，他们在自己的领域里有真才实学；其次，他们做的事情是"利他"的，为他人带来帮助；再次，做得好的主播保持了真诚的初心。烹饪也好，美发也好，设计也好，教育也好，阅读也好，不管什么领域，只要做出自己真诚的、有干货的分享，总会有人喜欢你，被你吸引。

即使孩子只能读技校，只要他三观正，身体健康，本分做人，在该学习的年龄踏踏实实地学一项技能，也能在他自己的领域成为佼佼者，等待他的同样是大好前程。

6

高中生考不到理想的大学，该如何选择

不是只有"天之骄子"才值得读大学，也并非只有名校毕业生才有价值。

高等院校资源无比丰富，哪怕你高考不理想，依然可以找到逆袭的方法。

抓住红利，
350分也能读本科

互联网行业有一句话：站在风口的猪都能飞起来。孩子的弯道超车，除了利用自身特长，还可以利用政策红利期，这何尝不是教育行业里的风口呢？

虽然高考分数线每年不一样，各省院校的招生方式也不同，但总体来说一本线在500分左右，二本线在400分左右。假如孩子只能考到350分左右，也就是铁定上不了本科，那我们还有什么法宝呢？此时可以考虑读职业本科。

职业本科也属于全日制本科学历，毕业生拥有专业学士学位，跟本科毕业生一样可以就业、考研和考公，比专升本更一步到位。

职业本科，说白了就是大专的升级版，平衡了职业教育有技能没有本科学历的问题。如果孩子的成绩刚好考不上本科，那么读职业本科的话，除了学到一门技能，还能拿学士学位，这也是一个不错的选择。

我们前面也聊过，近年国家一直在大力发展职业教育。目前我国有3000多所高校，其中本科院校大概占一半。近几年本科生的就业环境竞争非常大；与此同时，高级技术人才异常匮乏，于是高等职业本科应运而生，而且地位在不断提升。

2019年国务院颁布了《国家职业教育改革实施方案》，方案中提出了对职业教育的全方位改革的设想，鼓励高效培养具有"工匠精神"的应用型技能人才，且提出"技术职业大学"概念，因此有了今天我为大家介绍的"职业本科"。职业本科也是全日制的，需要完成四年的本科学习，毕业生能获得全日制普通高等学校的本科毕业证书，还能授予专业学士学位。

职业本科的院校有两类，第一类是对优质的职业技术学院进行改制升级，转设为本科院校，如在2021年就有景德镇艺术职业大学、山西工程科技职业大学、河北工业职业技术大学、河北科技工程职业技术大学、河北石油职业技术大学。

第二类是职业学院与大学联合办学，主要针对一些热门优质专业进行。比如武汉铁路技术学院（下称：武铁）跟湖北工业大学、武汉商学院分别招收通信工程和物流管理的职业本科生，录取后先到武铁接受三年大专教育，获得专科毕业证后再到相应的高校接受两年本科教育，完成五年教育并顺利毕业后，将获得专科起点的学士学位。

不同的地区和高校联合办学的具体模式不一，如天津职业大学、深圳职业技术学院、柳州职业技术学院与高校联合试办的高职本科专业，学生完成四年本科学习即可毕业，颁发的是联办本科院校的全日制普通高等学校本科的毕业证书，授予专业学士学位。

虽然"职业"这个词，会让人感觉跟高职、中专、技校紧密关联，下意识地觉得职业本科比普通本科低一个层次，而且职业本科刚刚起步，实施的院校并不多，但如果孩子高考只有350分左右，考不上普通本科，也没有体育和艺术特长，考虑报读职业本科，也确实是一条弯道超车的路径。

高考400多分，如何"弄拙成巧"

高考400多分是一个很尴尬的分数：前一步是本科，但可能够不着；后一步是大专，可能会不甘心。假如临近高考，孩子的成绩一直都在本科线边缘徘徊，也不想复读，那么我的建议是：读不了本科，我们可以读最好的大专。

对于大多数人来说，读大专都是退而求其次的选择。如果你的孩子成绩很好，大概没有人想去了解大专的专业和就业前景。不过一旦你用心发掘，会发现大专里也藏着很大的蛋糕。

试问孩子接受高等教育的最终目的是什么呢？是学有所成，是未来就业的时候有好的选择，但那些末流的二本院校不一定能实现这个目标。

那我所说的好的大专有哪些呢？除了选择接地气、前景好的专业外，我再给大家另一条思路，我们可以凭着职业技术进入含金量很高的城市系统里，比如铁路系统、水利系统、电力系统等，这些系统的刚需是技术型人才，这些人才从哪儿来？正是一些对口的优秀的高等职业院校。

这类型的职业学院师资好、环境好，就业渠道资源丰富，专业划分清晰，在专业技能的培养上也是实打实的，因为他们的毕业生需要具备直接上岗就业的能力。比如武铁，它专门为全国的运输系统输送人才，虽然运输系统看似很定向，但一个系统的运作需要庞大的技术和服务支持，而且拥有一定的技术门槛，也就形成了技术壁垒，不是随便一个本科毕业生就能到运输系统里就业。自然，这类职业院校的大专毕业生会成为抢手的人才。

相对于普通大学生毕业即失业的困境，或当他们还疲于应聘时，大专生已经提前就业，甚至有些学生在入学时就被对口的单位或企业预定。所有的稀缺都会带来机遇。像武铁这样的高等职业院校不是个例，同类型的持续为国家不同民生系统——比如电力系统、水利系统等——提供专业人才的院校，都同样处于人才供不应求的情况。

在运输系统、电力系统或者水利系统中工作，虽然说不上大富大贵，但就业薪资待遇普遍都不错，甚至很大一部分人高于一般城市的白领。同时，作为城市运作的辅助系统，它们有着完善的制度和体系，员工的职业上升和发展的渠道清晰，很多专业资源会在系统内部共享。如果孩子考入了相应的职业学校，即使只是读了个大专，也同样能够在一个稳定而有发展可能的体制内持续成长。

不过要想考入这类型的职业院校还需硬实力，起码400多分才有可能考入，孩子需要在高二、高三认真学好文化课，提升自己的竞争力。

我们也可以从侧面看出，这些职业院校对储备人才的选拔也非常严格，他们的实力、能力和抱负不一定低于本科生，因此这类型职业院校中的学习氛围也会非常不错。

这类型的院校一般在高考前提前举行高职单招考试，也就是我们通常所说的"小高考"，通常来说是12月报名，次年的3、4月考试，具体的报名方式和时间，大家可以到学校官网去查找相关的信息。参加单招考试还有一个好处，万一孩子没有被录取，还能继续参加普通高考，也就相当于多了一个机会。

我们要相信每个人都可以找到自己合适的路。高考400多分，也能转化为另一种优势，读不了本科，我们就去读最好的大专，孩子一样能成为国家未来的栋梁！

预科班，
比高考体育特长生更"香"

　　假如你的孩子是体育特长生，即使孩子考不上高中，也不愿意读中专和职高，他还能走另一条路：报读全国14家体育院校的中专部或预科班，不需要参加高考，就能进入公办的全日制本科体育类院校。

　　以体育特长的方式弯道超车，想必很多家长都知道。一般的操作是花一笔钱让孩子去读私立高中，再以体育特长生的身份参加高考。不管是读体育院校的预科班，还是在高考中作为体育特长生参加全国统考，都是可行的方式。

　　这两种途径都可以考同一所体育院校，但在不同的招生方式中，学生面临的竞争对手是不一样的。假如孩子读了私立高中或者职高，作为体育特长生去参加高考，那么竞争对手是全国参加高考的体育特长生。如果读的是预科班，在高考前参加了该院校的单招考试，那么竞争对手只是预科班里的那些同学。从更接地气的角度来看，读书是需要学费的，私立高中的学费动辄几十万元，体育院校里的中专部和预科班是公办的，一年最多就几万元的费用，二者的成功率和投入产出比是不一样的。

我们要知道高考只是众多升学途径中的一条，此外还有单招考试、技能高考和高职扩招等方式（后面会详细展开说明区别和优劣）。其中，单招考试包括高校单招和高职单招，体育特长生读预科班之后就是走的体育院校的单招考试。

如果孩子曾经学过一些运动技能，比如羽毛球、乒乓球、篮球、网球等项目，在预科班里可以继续培养，拿到国家二级运动员的证书，最后参加体育院校的高校单招考试，成为一名体育院校的全日制大学生。

如果孩子之前没有学过什么体育项目，也没有艺术类特长，但身体素质好或者有身高优势，可以考虑去学习的体育项目有跆拳道、散打、皮划艇、跳高、跳远、铅球、实心球等。

具体选择哪种项目进行训练，家长需要就此请体育老师或专门的教练给建议，他们需要根据孩子自身的身体素质和条件来判断，看看孩子是否有可能拿到国家二级运动员证书。我们千万不能脱离实际，想当然地去当体育特长生，因为练体育很多时候需要靠童子功，假如没有童子功也得有好的体格和天赋。

当孩子成功进入体育预科班之后，除了做体育项目训练，还得学习文化课，因为体育院校的单招考试也是需要分数的，但难度不高。文化课考的是四门基础课：语文、数学、英语、政治，满分600，考到300分就足够了。结合以上规则，你可以这么理解：在能拿到国家体育二级证书，天资正常，且该院校的招生名额充足的情况下，孩子基本上都能考上大学。

如果孩子考不上高中，初中毕业后，家长首先要去了解当地体育院校中专部（或称预科班）的招生条件和情况。如果你在东北地区，可以提前去了解哈尔滨体育学院、沈阳体育学院、吉林体育学院，天津体育学院；如果你在河南、湖北、湖南、安徽、江西等地，可以了解武汉体育学院，具体读哪个体育学院，一般是就近原则。

如果你的孩子某体育项目特别出色，也可以重点了解个别体育项目特别出彩的院校，这些都需要各位家长主动去了解，做好孩子最佳的后盾，打好辅助。

在这里我需要提醒各位家长，如果孩子选择读体育院校的预科班，一定要确认孩子的体育特长水平足够拿到国家二级运动员证书，同时，孩子对体育运动有热情，并坚定要走体育这条路，不然还会是一子错满盘皆落索。

错过了高考，
高职扩招考大学

高职扩招：一颗"后悔药"

假如你的孩子没有参加高考，或者只读了中专或者职高，甚至毕业好几年后忽然幡然醒悟想继续读书，恭喜你！2019年开始，高职院校实施扩招，额外招收100万名大专生，随后的2020年、2021年继续扩招200万名，目测未来扩招政策持续推行。

高职扩招面向的人群是应往届的普通高中毕业生、中专或职高毕业生，及社会考生（包括下岗职工、退役军人、新型职业农民等），假如你的孩子读的是技校，那么他是没有资格参与高职扩招的。

这就是我反复强调孩子必须参加中考的原因，即使中考只有100多分，读的是最普通的中专，你也是有中专学历的人，未来的升学道路才能继续走下去。假如你不参加中考，随便去读个私立技校，那么连高职扩招都没有资格报名。

说白了，高职扩招就是一颗"后悔药"，不管你是应届生，还是毕业了好几年，甚至在社会上工作十多年，都可以通过高职扩招读全日制大专。

关于高职扩招，首先，我们要知道高职扩招是什么性质。

高职扩招是高等职业院校响应国家号召，为解决我国高级技术人才紧缺的问题，特意进行的高职高专自主招生考试，一般在高考过后的8、9月进行。通过高职扩招入学的孩子跟参加普通高考的人一样，毕业之后可以拿到大专毕业证，属于大专同等学力。

高职扩招会有两种学制，一种是全日制的，跟高考进去的学生一样在校园里学习；另一种是弹性学制，学的内容和课程与全日制的一样，为了方便某些已经就业的社会人士，把学习时间安排到晚上、周末或寒暑假，具体方式各院校自行安排，学生可以兼顾学习和工作生活。

另外，高职扩招有地域限制，你只能报考所在省份的院校。如果你是湖北省的，就不能报考河南的院校，因此在查找合适的高职扩招院校时，需要提前去了解自己所在省份的高职扩招招生计划，一般在院校的官网会发布公告和报名的渠道方法。在这里提醒大家，正规渠道就有公开的信息，不要盲目听信一些机构的忽悠，交一笔冤枉钱。

只要你符合报考条件，高职扩招只需要几十块钱的报名费，自行到官网查阅报名须知，按步骤报名即可，这些我国公民都拥有的正规升学报考途径，不需要走什么捷径，也没有什么捷径可走。

我在这里在给大家一个报考的小窍门：如果你的基础比较差，可以报考非省会的城市，选择一些非热门的城市里的院校，像武汉铁路职业技术学院这种热门学校就别考虑了，因为竞争激烈，很难挤进去。我们可以反向思考，去报仙桃职业技术学院，这些冷门的高职院校每年的招生名额都有空缺，基本上报了就都能考进去。

为什么我们不去考虑好的专业和好的院校呢？因为高职扩招的方式可以让你回到学习的轨道上，在有书读与没书读之间，肯定选择先上大专再说。后续拿到了大专学历，如果你还想专升本，也是有机会的，甚至继续考研深造，都是可以的。

我高中的一位同班同学，当年就没有参加高考。高中毕业后，她去了广州做服装批发，做了10年。2020年，因为疫情的关系，她回到湖北。那年线下批发被电商冲击后日渐萎靡，电商直播的势头非常好。她了解到高职扩招的信息，做了一番调查后，报了仙桃职业技术学院的电子商务专业，当年该校的招生计划是500人，实际报名人数不足100人，她顺利入学，以弹性学制的方式完成了学业，拿到大专毕业证。

拿到了大专毕业证以后，她一鼓作气去浙江九堡地区童装批发做直播，用半年的时间挣到了以往在广州10年都无法获得的收入。虽然我们知道直播是没有学历门槛的，但专业人更能做好专业领域的事，我们能够看得见的直播只是浮在表面的冰山一角，在底层支撑它运转的，依然是一整套完备的电子商务理论体系。

无论学历如何，保持学习是必要的

我始终认为，一个人应该活到老学到老。不管是错过高考的中职生、高中生，还是宝爸宝妈，或者是我自己本人，都应该不断地学习，借由学习让自己持续进步，才不至于与时代脱轨。

我们都希望孩子可以飞黄腾达，但是很多宝爸宝妈却每天在家里当咸鱼，在这样一种消极的氛围下，父母天天逼着孩子学习，孩子的内心是抗拒的。试问父母本身都做不到的事情，怎么能说服孩子去坚持呢？假如父母能身先士卒，自己也报个高职扩招，陪着孩子一起学习，说不定可以得到一个喜人的结果。

我之前在直播间遇到一个辍学的男生，父母是开面馆的，天天忙于赚钱，很少管孩子，他们认为给足够的零花钱、满足孩子的所有要求就是爱。结果到了初二，男孩不仅花钱大手大脚，还早恋、抽烟、跟校外人士来往，甚至跟同学打架。

男孩在初三勉勉强强地毕业了，父母花了一笔钱让他读了个民办中专。读了三年，男孩都不知道自己学了什么，整天跟同学吃喝玩乐。中专毕业，他不想回家里帮忙，想去外面闯荡世界，证明自己，结果被人骗去工厂里打工，别人月薪5000元，他只有600元，苦不堪言。吃了半年的苦头后，他才发现原来没有学历又没有技能，在社会上生活竟是如此艰难。他无比后悔，到处寻找出路。

后来，他通过我的视频了解到高职扩招的信息，用了半年的时间认真复习备考，考上了全日制的大学，重新开始了他的校园生活。在见识到社会的阴暗面和赚钱不易之后，他这次决心不再混日子，要好好学习。

前不久，他还特意来到我任教的大学，感谢我并跟我承诺，以后他会每天坚持跑步，锻炼身体，积极参加校内的各种实践活动，多多锻炼自己的能力。他现在每天背单词，还准备去考专升本。

像这个孩子一样误入歧途的人有很多，但并不是每一个都能及时醒悟，甚至也不是每一个醒悟后的孩子还能找到继续走下去的路。这多少跟他们年龄小、涉世未深有关。如果能让孩子继续读书，等到20多岁大专毕业进入社会时，他们具备了更成熟的思想，也有一身过硬的谋生本领，未来的人生路就会好走很多。假如错过了高考，或许高职扩招能给你一个从头再来的机会。

没读高中，
考全日制大学的五种方式

我们聊过很多弯道超车的干货内容，比如高职扩招、技能高考等，很多家长到直播间都会问这些不同的考学方法之间的区别和优劣，不同的具体情况下该选择哪种方式考学。现在，我们一起梳理一下考入全日制大学的五种方式！条条大路通罗马，即使你只是一名中专生或职高生，全日制大学的大门依然会为你打开。

第一种方式：普通高考

也就是普通高等学校招生全国统一考试，简称高考。高考面向的人群除了高中毕业生，还有同等学力的考生，如中专生、职高毕业生、私立高中毕业生等，这也是考生可以填报志愿最广泛的一个高考类别，学生根据成绩和所填报的志愿，可以进入大专或者本科院校。

第二种方式：技能高考

一般在3、4月进行，属于高等院校大范围招生考试统考，考试科目由省教育局统一命题。面向广大中职生，学生只需要参加"语数英+职业技能"考试。只能报考本省的学校，以操作为主，文化课为辅，相对于普通高考难度大幅降低。

想更直观地了解技能高考的模式，可以看看分数占比：技能高考总分700分，专业技能490分（包括专业知识150分和技能操作340分），文化课总分210分（语文、数学各90分，英语30分）。

根据往年的分数线来看，上本科需要500分以上，也就是说中职生经过技能高考，可以读全日制的本科或专科院校，而且难度较普通高考要低很多。

技能高考与普通高考的区别在于，学生的报考范围较窄，只有部分高校参与技能高考的统招计划，但技能高考分数门槛低，对于某些学习能力强、足够自律的孩子来说，先读中专或职高再由技能高考进入大学，可以说是一条难度更低的迂回路线。

现实中的情况却不如我们所想的，中职生的学习能力和自律能力往往不如普高学子，有些孩子考不上高中直接自暴自弃，此时父母必须稳住他们的信念，持续鼓励孩子，进入职高或中专的第一天就不放弃自己的学习目标，才可能经过3年的学习逆袭成全日制的大学生。

第三种方式：单招考试

一般也是在每年的3、4月举行，也被人们称为小高考、春季单招考试。单招考试包括高校单招和高职单招，以高等院校的专科招生为主。单招考试属于高等院校自主组织的提前招生，是中职生报考高等院校的常规方式之一。

不仅中职生可以参加单招考试，普高学生也能参加。进行高职单招考试的院校里，不乏很多热门优秀的高等院校，很多普高学子都学会把战线提前，提前参加春季单招，假如被顺利录取，就不必参加高考。万一不被录取，还能在普通高考里拼一把。

第四种方式：五年一贯制

五年一贯制我们在前文提到过，也被称为"初中起点大专教育"，也就是我们通常说的"3+2"。初中毕业生被录取后，直接在该院校进行五年一贯制的教育，毕业时获得全日制专科学历，拥有继续接受本科及以上教育的资格。

这也是我非常推崇的一种方式，初中毕业的孩子大约15岁，经历五年一贯制教育后，20岁毕业，既拥有一技之长又拥有大专学历，既可以选择就业，也可以继续进行专升本考试，对学习成绩不理想的孩子父母来说，是一条非常省心的成才之路。

第五种方式：高职扩招

属于高等职业院校的扩招，从2019年开始实行，面向高中毕业生、中职毕业生、退役军人和下岗失业人员、农民工、新型职业农民工，具体的情况我在上一节介绍过。

简单来说，高职扩招属于"补票"，如果普通高考、单招和技能高考都落败，高职扩招是最后的后手，在面临无书可读的困境前，能读大专就先继续读，什么专业什么院校可以放在第二位考虑，先升学，再专升本也是一条路径。

如果一个孩子成绩不好，家庭条件一般，也没有过人天赋，读书依然是大多数普通家庭的孩子改变命运的唯一方式。靠知识改变命运，不仅仅是孩子，也包括在阅读这本书的家长们。请不要放弃这些能改变人生命运的上升渠道，路不止一条，只要孩子有颗上进的心，不服输，不认输，未来始终能掌握在自己的手中。

分享一段我很喜欢的话，与大家共勉。

罗曼·罗兰曾经说过："大部分人在二三十岁时就死去了，因为过了这个年龄，他们只是自己的影子，此后的余生则是在模仿自己中度过，日复一日，更机械更装腔作势地重复他们在有生之年的所作所为、所思所想、所爱所恨。"希望我们每个人都能带着真切的目标和信念，一路前行，活出自己。

遵从本心，
多维度思考专业发展

  迄今为止，我们聊的都是如何弯道超车，哪些专业更接地气，哪些方式可以绝地逆袭。当孩子真正面临高考或者大专的专业选择时，我们不得不正视一个极为关键却又一直被忽视的问题：孩子是否热爱这个行业，是否喜欢这个专业？

  假如孩子的成绩考不上普通本科，也考不上职业本科，那还能怎样？作为家长，我们应该认清现实，放下焦虑和埋怨。正所谓"三百六十行，行行出状元"，选择一个靠谱的专业，真正学个一技之长，以后也可以发光、发亮。

  那成绩不好的孩子如何来选择大专专业呢？一般来说，首先要避免选一些假大空的专业，比如金融、计算机、工商管理，并不是这些专业不好，是这些专业起码得读到研究生才算学透，才可以以此为履历进入对口的好企业。

其次，专业选择的核心思路还是有未来前景，比如新能源、医美行业等。另外，我们要选择一些贴近衣食住行的专业，如烹饪、中医康复等，既能打工，又能当小老板，甚至开班授课，真正实现一专多能。

与中职生不一样的是，孩子读大专时，我们可以有两种选择：一可以考虑继续升学；二能考虑直接就业，因此在专业的选择上，可以有更大的选择空间。

除了接地气的职业外，我们还能选择一些可以向下兼容的专业。比如，我们之前提到过的口腔医疗技术，大多数人的第一反应是当口腔医生，但是大专生目前是很难进入公立医院当牙医的。做不了医生，但你可以当牙医诊所的护士，也可以到牙齿模型工厂里做技师或者销售员，这就是我说的"向下兼容"。你有了一个较好的专业起点以后，可以进入"比上不足，比下有余"的状态，比起完全没有专业知识的同行，你的优势要大得多。

同样的思路，对医学感兴趣的同学，也可以去学临床医学，即使大专学历当不了医生，但你"向下兼容"做护理，也会是护士中的佼佼者，如果能够通过努力成为护士长，一样发光发亮。另外，假如学得好，还可以专升本，考研究生、考博士逆袭成医生。大家要记住一点，高考不是升学的终点站，它是真正踏上职业选择的起点。

选择向下兼容的专业有一个大前提：你的孩子真心喜欢某个专业。热爱可迎万难，当你对一个事物足够热爱时，什么都无法阻碍你自发性地学习和钻研。

很多已经出来工作的朋友都知道，在大学里能够学到的技能非常有限，更多的实战能力是在毕业后习得的。熟悉我的朋友都知道，我更多时候给大家的是最实在、最接地气的建议，但我必须强调一点：如果热爱，请务必遵从本心。

大家都知道，在服装领域，时尚是个循环，流行和复古是一线之间的事，专业选择也是一样，除了极个别的夕阳行业以外，大部分的专业和行业都有着自己的生命力和岗位需求。对于专业的选择，我们需要结合自身的优势和兴趣来考虑，当我们带着更开阔的视野来看待升学和专业选择时，就能找到更广阔的天地。

"专升本"的现实意义

抓住专升本的机会

为什么要专升本？我们来说一个很现实的问题，学历不代表能力，但当你的简历跟其他人放在一起时，企业HR最简单快速、低成本的筛选方式是，去掉低学历的应聘者。

假如孩子确实成绩不好，选择了技能型专业如兽医养殖、运动康复、中医推拿、装修设计，那他大专毕业后也能有不错的前景和就业机会。只要你有一技之长，去哪里都有发展的机会。

像计算机、小学教育、学前教育、临床医学、国际贸易、市场营销等专业，听上去高大上，但同等的岗位缺口有大批本科生、硕士生、留学生甚至博士生在竞争，此类专业的大专生毕业就失业。

我们一一举例并说明。

很多学校都开设计算机专业，不管是中专还是职高，还是二本三本都能学，但计算机是个非常高精尖的专业，它主要面向的是名校的高才生。假如你不是精英中的精英，你面临的只会是高开低走，即使最初工资也比同龄人高，但到了35岁以后就会慢慢被淘汰。

临床医学可以说是我们学历上的天花板，你往往要拿到博士学位，才能有机会进三甲医院。假如你学了医学，不管是学口腔医学，还是临床医学，进入大专以后务必把英语学好，把专业知识学扎实，必须专升本，这才是唯一的出路。

像酒店管理和旅游这样的专业，并不是单单读三年大专就能学有所成的，每个酒店、每个景区都能体现不同城市的风土、文化。此外，酒店的运营模式和管理方法也大有文章。

像市场营销等专业，基本上就是给那些高情商、口才好、社交能力强、执行力强、思维灵活的孩子准备的，如果你本身成绩一般，综合能力也不强，沟通能力目前也体现不出来，那么你在填报志愿时，必须问问自己：读这些专业出来，能学以致用吗？

假如你读了学前教育和小学教育，那么建议你要把本科学历和教师资格证拿到手，不然幼儿园的大门你都没有资格进去。这就要求你进入大专院校之后，必须有极强的自律能力，能够主动学习，争取抓住专升本的机会。

最后，再说说看上去很高大上的金融、会计专业，如果你一没人脉，二没家庭背景，大专毕业后大概率是去商城摆摊推销信用卡，或者去卖保险。不是说这条路就不好，而是你是否善于社交，是否能吃苦，是否能承受KPI带来的压力，以及你是否喜欢这个行业，你必须问问自己。如果答案是否定的，那么建议你专升本。

做好未来"专升本"的准备

现今社会中，本科生和专科生的差距远远大于本科生和硕士生的差距，不管是工资收入，还是职业前景。如果我们能更早一点认识到本科学历的重要性，作为中职生或大专生可以提前下一盘大棋，专门为专升本服务。

如果你是高职高专的学生，当你不知道读什么专业时，你可以考虑旅游英语、商务英语。我们必须认识到英语的重要性，不管是专升本也好，还是考研也好，英语很重要。专升本的话必须考英语，考研的话可以考日语。以后不管是专升本也好，还是高职单招也好，技能高考也好，英语都是一个必考的项目，所以说职高生和中专生必须学好英语。

虽然说英语专业的学生就业有难度，但在提升学历的过程中，英语是必经之路。高职高专和中专的学生考上了大专之后，只要英语好，足够自律，专升本就是水到渠成的事。

专升本考的英语是公共英语，公共英语也就是四六级的水平，那你学了应用英语，你的专业就是英语，相对于拿你的专业课去跟别人"PK"，那是不是更轻松，更胜券在握？

另外，对于成绩不好的普通高中毕业生来说，我们还有一个战略性撤退的升学技巧：先读二本的专科，再专升本。

什么意思呢？民办二本院校以及部分公办二本院校，除了本科以外，也有专科。你可以优先考虑那些"本专同读"的院校。比如说，你未来想读应用心理学专业，不妨选择既有本科也有专科的院校，先报读这个本科院校里的心理学专科。这样操作，就相当于你现在大专三年，每一天都在学习专业课，也相当于在为"专升本"复习，借力打力，既完成了大专学习，也为未来升到本科做了铺垫。

在专本同读的院校里，学习氛围普遍很好。有些课程，大专生和本科生在同一个教室里上，甚至连授课老师都是同一个人。这样，大专生也可以获得更好的师资教育，近水楼台先得月。

专升本虽然好，但有一个大前提，就是孩子必须得自律，游戏肯定要少玩的，把重心放在学习上面。另外，重视英语的学习，可以选择英语作为你的大专专业。最后，有可能的话选择专本同读的院校，降低专升本的难度，提前学习专业知识，这也需要你具有主动学习的能力。

大学期间，
务必打好人生的地基

这一节内容，是写给广大的大学生的。

寒窗苦读十余载，孩子经历3年幼儿园、6年小学、6年中学，或许还走了中专、职高、专升本等崎岖的求学道路，终于来到了大学的殿堂。拿到大学录取通知书后，拧紧的发条一下子放松，大多数孩子如笼里的鸟儿，初次体会到自由，随即在大学四年间放飞自我。

很多孩子正是毁于这种无拘无束的"自由"。孩子进入大学校园，只是刚刚到达了真正的练习场，未来的人生竞技需要到"社会大学"里举行。大学期间是千千万万普通家庭的孩子与别人拉开差距、成为社会精英阶层的关键时期，可惜的是绝大多数的大学生和家长都未能认识到这一点，所有前功尽弃于大学。

不要过度追求合群

在大学时期，你会遇到形形色色的人，不要拼命想着合群，去和大家一起玩游戏。你不要担心吃饭的时候没人陪，逛街没人陪。如果你周围的同学特别爱学习，那么你可以跟对方交流学习的方法，但如果他们都爱玩，那就让他们去玩，你不要掺和。

请大家记住一句话，耐得住寂寞，才能守得住世间的繁华。在大学里，务必珍惜你的时间。

不攀比，也不自卑

来自普通家庭的孩子，可能没有好手机，没有靓丽的衣服，也不能跟其他同学一样去旅行。在校园里我们会感受到，这种人与人的差距是如此巨大。

你有多大能力，就去办多大事。不要去攀比什么手机、衣服和零花钱，欲望的攀比是没有尽头的，多少大学生因为校园贷，让自己的未来毁于一旦？普通家庭的孩子能做什么？唯有一件事可以做，也唯有一件事值得做：在大学四年里好好学习，提高成绩，提高专业素养，成为校园里出类拔萃的一员，用你的实力让大家看见你。

有机会的话，可以选择入伍

如果你没有考上理想的大学，进入大学以后很迷茫，也不知道未来的路该怎么走，做什么都提不起热情，可以考虑去当两年兵，再回来读书。

在部队里接受系统的训练，可以提高一个人的责任心，培养自律能力，让你拥有良好的身体素质。服兵役后，可以继续回归校园完成学业，对一个人的改变可以说是改头换面式的。

锻炼身体

在大学四年里，希望大家一定要做到这两件事：学好外语，锻炼身体。我今年已经35岁了，但我的体脂率为9.9%，因为我坚持夜跑14年，每周4次，一次7千米。锻炼身体能让我们处于一个活跃的状态，让我们保持积极向上的心态，成为有韧劲的、有自信的大学生。一年之计在于春，一天之计在于晨，今天是最好的一天，人生主动权从来都在自己手上，不要辜负你自己，不要辜负你的父母。

不建议大学时期谈恋爱

普通家庭的孩子，在大学之后，面对的是社会残酷的考验，你进入的是社会的丛林，弱肉强食，不论男女。请大家不要心存幻想，认为毕业都能找到工作，上天只会青睐优秀的人。

在大学期间不要感情用事，尽量不要花太多时间去谈恋爱，而要把有限的时间用来完善自身的能力。这个世界就是男女平等的世界，你有能力，你就会有竞争力，你没有能力，谁都是你的竞争对手。物以类聚，人以群分。在大学期间，我们充实自己的大脑，培养自己的才能，我们变得优秀后，优秀的另一半迟早会到来。有句话叫，"你若芬芳，蝴蝶自来"。

女生不要以为自己会有特权，你面对的是比男生更困难的就业环境，你要更加努力，才能在这个社会上立于不败之地。女性的安全感来自哪里？来自学习，来自自律，来自坚持。

不管是男孩还是女孩，学历和业务能力才是未来的护身符。你有安全感之后，才能给你的父母真正的安全感，才能真正成为独立的人，开创自己真正的人生。

后记

不要"吃掉"你的小孩

先管好你自己，
再引导孩子成长

在这本书的最后，我特别想聊聊如何管教孩子的话题。我们身处于信息爆炸的时代，不管是哪个自媒体平台，你都能看见很多教你如何管教孩子的文章和视频，但我希望大家要辩证地来思考。

先给大家讲个故事。我的外甥女5岁半，她家对面住着一户人家，那户人家的女孩大概10岁，平时由奶奶照顾，她家时不时会传来大人歇斯底里发飙的声音。一次，我的外甥女一边扮演恐龙的样子，一边绘声绘色地跟我说："舅舅，对面那个奶奶很可怕，就像一只大恐龙，她好像要把姐姐吃掉一样。幸好我妈妈不是这样，不然我得离家出走，住在舅舅家里。"

孩子果然是心如明镜的，即使我的外甥女没经历"恐龙"

的怒吼，也感觉到了"大人想把小孩吃掉"的那种侵略性。对于养育孩子，我们都有一个误区，孩子是需要大人去"管教"的，以至于很多博主都在传授"不吼不叫，管好孩子"的技巧。

如果我们深入地去分析，"不吼不叫"是大人本来的功课，情绪失去控制的大人，其实并不能为孩子带来多少正面的影响。另外，不吼不叫和管好孩子之间并没有逻辑关系。如果我们偏要找到一个"管好"孩子的秘诀，那就只有一个，先管好你自己。

孩子本身是没有毛病的

不管是情绪管理，还是拖延症问题，我一直都在强调一个观点：孩子本身是没毛病的，假如孩子有毛病，那些毛病也都来自他的父母或者照顾他的人。

为什么说孩子没有毛病？因为孩子是真正的生活哲学家。你们会发现，孩子天生对做事情有着无限热情，而且他们天生懂得专注。大家回想一下，当你拖地的时候，你两三岁的孩子是不是曾经也很想拖地？当时你可能嫌弃他拖不干净，或者阻碍了你的拖地进度，所以不让他动手，其实孩子对动手做家务，为家庭贡献力量有天然的兴趣，只是被你一次次的拒绝扼杀了。等孩子长大了，不让孩子拖地的父母又会抱怨"我的小孩什么都不做的，在家里连地都不会拖"。发现了吗，孩子的每个问题，都有父母种下的因。

你再回想一下，孩子小时候玩玩具，是不是常常入迷，以至于搭积木搭到不想睡觉，然后你必须打断他，甚至吼他，他才乖乖去睡觉？家长为了完成所谓的规律生活，常常不顾及孩子的真实感受，以至于孩子慢慢地无法集中精力做一件事。一旦孩子学习坐不住，父母又开始责备孩子。

你可能很疑惑，为什么有的小孩不需要催促，不需要打骂，就可以按时完成作业，在外表现落落大方，在家能有条理地安排自己的时间，把自己的房间收拾得井井有条？因为有的家长从小就懂得尊重孩子，给予孩子适当的控制权，让他安排自己的生活和时间，而不是高高在上地管教孩子。

当你管教孩子的时候，孩子处于权力的低位，有些孩子被压迫太甚，甚至连这一点点权力也不想要了，宁愿当一只扯线木偶，家长说啥，他干啥，图个耳根清净。以这样的方式长大的孩子，往往还会被贴上"听话"的标签，他们确实把事情做了，但他们只是为做事而做事，缺乏自己的灵魂和思考，很难做出创造性的突破。

家长常常说自己的孩子"死脑筋"，其实，这也是父母自己驯养出来的。

最后，在管教孩子这个话题上，我希望家长们能意识到三个问题：

第一，孩子天生是完美的，不需要管教。

第二，你的孩子如果有坏毛病，那毛病是源于家长、源于家庭的，家长需要管好自己，先自我纠正。

第三，这一代的孩子将有一个我们无法想象的未来。我们不能用过去的老旧认知，去过度管教一个必定会面对不确定的未来的人。

孩子的未来，
和我们想象中不一样

阅读这本书的家长大部分有着优于从前的教育和见识，但还是不可避免地陷入了一个教育的误区，我们的育儿思想依然是跟着自己父母的节奏走，以稳为主，觉得不读书就没有出路，没有未来。

我们抚养的这一代的孩子是"00后"和"10后"，他们也被称为"Z时代"的孩子，他们成长的环境与我们截然不同。他们在互联网下长大，视野开阔，个性鲜明，在生活物质条件大大提升的今天，他们没有我们从前的匮乏感，更懂得理性务实地生活，对消费和生活的态度也跟我们有很大的不同。

从前，我们被灌输的观念是，不读书就没有好工作，没有饭吃，只能做辛苦的工作。而未来发展的趋势，大概率是机械化取代基本大部分劳动力，从前一个工厂里有3000名工人不分昼夜地劳作，未来一个厂房里就5个工人，负责监察设备运作即可。

我们的孩子，将面临一个需要更多创造性思维的时代，创意和自主思考才是最珍贵的能力，也是人类有别于机器人的能力。他们不再困于低级的劳动分工，他们可以更自由地追求自己热爱的事情，学习成绩不再那么重要，如今让我们战战兢兢的中考、高考也不再拥有那么重要的比重。虽然不会在一天半天里实现，但在未来的社会中，人拥有更多的可能性。

这一代孩子会有与我们全然不同的生活轨迹，他们的个性和价值取向也不再一样。从前的职场新人都是表现循规蹈矩、内心慌慌张张的，不敢对领导说一个"不"字；现在的孩子，更加关注自我感受，工作不如意就很可能会辞职。很多人说，现在的人都缺乏对企业的忠诚，因为时代变了，孩子的自主意识更强。

我们从前喜欢的东西都一样，想走的路都一样。很多人觉得公务员就是铁饭碗，医生、律师都是最好的选择。现在呢？归园田居的李子柒可以成为一个品牌ID，职业有了更多的可能性，你只要在自己的领域持续深耕，就有发光发亮的可能。年轻人喜欢走小众路线，混的是小圈子，要的是个性化和特立独行，他们不再在工作职场中委屈自己，他们开始有更多的思考，需要在工作中获得更多的情绪价值。

很好理解，你把自己的观念和父母的观念对比，会发现两代人之间不仅是价值观不同，对生活方式的选择也有着巨大的差距，这也将会是你和你的孩子之间的差距。在我们的教育经历中，或许我们被教育要听从父母师长的教诲，但我们要意识到这条老路子已经走不通。

在时代的鸿沟前，当代家长的价值观很难给孩子最好的建议，更谈不上如何管教他们。这一代人有自己的路要走，这也是社会发展的原动力。尊重孩子本来的天性，鼓励他们开创多元的未来，成为地位平等的陪伴者，才是建立持续有价值的亲子关系的秘诀。